Gabi Jeske

PortGeschichten

Gabi Jeske

PortGeschichten

Ein Krebstagebuch

Verlag Lebensreise

Impressum / Imprint
Bibliografische Information der Deutschen Nationalbibliothek: Die Deutsche Nationalbibliothek verzeichnet diese Publikation in der Deutschen Nationalbibliografie; detaillierte bibliografische Daten sind im Internet über http://dnb.d-nb.de abrufbar.

Bibliographic information published by the Deutsche Nationalbibliothek: The Deutsche Nationalbibliothek lists this publication in the Deutsche Nationalbibliografie; detailed bibliographic data are available in the Internet at http://dnb.d-nb.de.

Coverbild / Cover image: www.ingimage.com

Verlag / Publisher:
Verlag Lebensreise
ist ein Imprint der / is a trademark of
OmniScriptum GmbH & Co. KG
Heinrich-Böcking-Str. 6-8, 66121 Saarbrücken, Deutschland / Germany
Email: info@verlag-lebensreise.de

Herstellung: siehe letzte Seite /
Printed at: see last page
ISBN: 978-3-639-62228-7

Inhaltsverzeichnis

PortGeschichten – Ein Krebs-Tagebuch aus dem Internet

Vorwort

Anfang September 2011 änderte sich mein Leben zum zweiten Mal innerhalb nur eines Jahres grundlegend, im Jahr zuvor starb nach schwerer Krankheit und doch plötzlich mein Mann an einer Lungenembolie und nun, fast auf den Tag genau ein Jahr später, musste ich mich mit Brustkrebs auseinander setzen! Mein Leben nahm wieder eine andere Richtung und seither ist nichts mehr so, wie es war. Mein Krebs ließ mich nicht nur leiden, er zeigte mir auch neue Wege auf. Ich sehe vieles jetzt anders und mir sind Dinge wichtig, die ich vorher kaum kannte. Das Leben ist ein anderes geworden und das ist nicht immer schlecht. Darum soll es hier gehen. Um meine Geschichten rund um den Port, denn dieses Ding ist für mich das Sinnbild der Abhängigkeit von etwas, was man nie dachte, haben zu müssen und was mich nun tagein tagaus begleitet.

Ich habe alles aufgeschrieben, seit ich den Krebs entdeckte. Eigentlich müsste es „aufgetippt“ heißen, denn ich hatte meinen Computer und meinen mobilen Internetanschluss immer dabei, auch im Krankenhaus. So ist dieses Tagebuch entstanden, ursprünglich ein Blog, ein Internet-Tagebuch, denn ich wollte es nicht vergessen, das Leben, den Alltag, und auch den Krebs nicht. Der gehört jetzt nämlich zu mir, auch wenn man ihn rausgeschnitten hat.

Am 2. September, vier Tage vor dem ersten Todestag meines Mannes, fühlte ich ihn das erste Mal, meinen "Knubbel", wie ich ihn nannte, in der linken Brust. Ich hatte keine Panik, war weder aufgelöst noch hilflos, es war mehr so ein "ach, da ist er ja"-Gefühl. Sehr seltsam. Ich habe sofort einen Termin bei meinem Frauenarzt gemacht, einem Professor und ehemaligem Chefarzt der Gynäkologie einer großen Klinik, der nun in einer Frauenarztpraxis arbeitet und dort sein unschätzbares Wissen weiter gibt. Ich wusste, er wird mir helfen und ich wusste sehr sicher, dass er die richtigen Dinge tun wird. So, wie er es Jahre zuvor bereits einmal getan hat, als ich mich einer schweren Operation unterziehen musste, die er durchführte, und mit deren Hilfe ich wieder ein schmerzfreies Leben führen konnte.

Ich war mir sicher, er wird mir erneut helfen und so war es auch. Er lenkte mich durch das Wirrwarr der Untersuchungen, er brachte Ruhe hinein, erklärte und half und machte mir zwei Dinge unmissverständlich klar: Krebs ist kein Notfall und Brustkrebs lässt sich in jedem Stadium behandeln.

Tagebuch 2011

Freitag, 30. September

Invasiv duktales Mammakarzinom G1 soviel habe ich behalten, und dass den Professor das hoffnungsvoll stimmte. Und die Operateurin auch und 1,5 cm habe ich auch behalten. Nun gut. So sei es, ich werde am Mittwoch schon operiert, eine andere Patientin sei krank geworden - wie soll ich das denn verstehen? - und so werde ich vorgezogen. Wie wunderbar, je eher desto besser, ich will's hinter mich bringen. Und ich bin so froh, dass meine Freundin Felicitas überall mit hin kommt. Sie versteht mich. Sie hat die Krankheit schon hinter sich. Ich stecke mittendrin. Feli hilft mir sehr. Dann waren wir Eis essen, Feli und ich, und hatten lauter tolle Themen drauf, nur keinen Krebs und das ist gut so. Der wird noch Thema genug sein in meinem Leben. Zu Hause angekommen, ist meine Bestellung da, eine richtig gute Digitalkamera, weil ich doch Fotos machen will, wenn ich mich schon tagelang da in der Klinik aufhalten muss, dann mache ich wenigstens Fotos, ich liebe so Stimmungsfotos, z.B. mein Weg ins Büro, so was in der Art. Und ich denke mal, ich werde da Gelegenheit genug haben, mit meiner neuen Kamera Bilder einzufangen. Und morgen früh um halber 9 werden meine Haare ganz kurz geschnitten, meine liebe Friseuse kommt extra eine halbe Stunde früher, weil alle Termine schon weg waren. Aber ich habe mir gedacht, ab damit, wer weiß, was noch folgt, und außerdem, eine Klätschfrisur im Krankenhaus, nein, das will ich nicht - also ab. Ratzfatz ab. Und dann bin ich, wir hatten grad das mit dem G1 erfahren, an einem Lottoladen vorbei, da gab es Karten und auf einer stand etwas Kluges von Mahatma Gandhi:

Wenn Du etwas 2 Jahre lang gemacht hast, betrachte es sorgfältig.
Wenn Du etwas 5 Jahre lang gemacht hast, betrachte es misstrauisch.
Wenn Du etwas mehr als 10 Jahre gemacht hast, mache es anders.

Das ist mein Spruch, mein Krebsspruch. 10 Jahre hatte ich Kummer und Stress, hatte ich Last und Sorge. Und damit ist jetzt Schluss. Haare ab, schnippschnapp, der Tumor kommt hinfort, und dann mache ich es anders, das mit dem Leben, dann bin erst mal ich dran. ICH!!

Sonntag, 2. Oktober

Nach gefühlten 100 Jahren habe ich mir mal wieder Nagellack gekauft... ich rechne mal nach... also... bestimmt 15 Jahre, ehrlich, so lange, oder noch länger, 20? Viel zu lange jedenfalls wie ich finde und nun ist Farbe angesagt. Heute habe ich mich für Blau entschieden, Grün ist aber auch gut, Bordeaux finde ich am schönsten, doch egal, Farbe ist wichtig! Derzeit sortiere ich die Dinge für die Klinik, was man so alles braucht, vor allem Bücher! Soll ich ehrlich sein? Ok, also, am liebsten wäre mir jetzt eine Pille, die schluck ich und dann ... werde ich wach und alles ist vorbei.

Montag, 3. Oktober

So, es ist alles gepackt, ich bin bereit! Die Hunde sind bei Feli und kriegen nix mit, die Blume ist in den Garten gepflanzt - ich habe nur eine - und jetzt gehe ich schlafen. Ich bin aufgeregt, was für die einen Routine ist - zum Glück - ist für mich ein Einschnitt in meinem Leben!

Dienstag, 4. Oktober

Der Blick aus meinem Krankenhausfenster ist toll! Über den Dächern der Großstadt, ich liebe das! Und ich teile mir mein Zimmer mit einer netten Frau, die härter kämpfen muss als ich. Aber sie wird es auch schaffen. Denn wir sind im Heil-

Zimmer, so habe ich verkündet und daran hätten wir uns zu halten! Ok, das tun wir nun, wir gehen unsere schweren Wege und spenden einander Trost. Mir hat man die Kriegsbemalung verpasst, wie es die EKG-Schwester so passend sagte, meine Operateurin hat mir sozusagen ihre Schnittmuster aufgemalt. Irgendwo schon krass. Aber so Kliniken haben auch was Gutes, man kommt sich irgendwie normal vor, es sind so viele hier, die damit rumrennen. Und es sind so viele, die liebevoll helfen. Das ist wirklich sehr sehr schön. Trotz allem.

Mittwoch, 5. Oktober

Die OP ist geschafft, es ist vollbracht, ich liege geplättet im vollautomatischen Raufundrunterbett, auf dem Schoss mein iBook, aber ich klappe es gleich wieder zu. Ich bin redlich erschöpft. Doch ich habe sie hinter mir, die Operation, GOTT SEI ES GEDANKT!! Und so viele liebe Wünsche haben mich erreicht, ich bin so dankbar dafür!

Donnerstag, 6. Oktober

Ich bin traurig. So Nächte in einer Klinik mit einem solchen Ausblick – Nachts über den Dächern einer Großstadt - lassen die Gefühle in Wallung kommen. Und heute bin ich traurig. Froh, dass bisher alles so gut gegangen ist, froh, dass ich so viele liebe Freunde habe, die sich um mich kümmern, die mich besuchen kommen, froh, dass hier so viele kompetente Menschen arbeiten und um meine Gesundheit bemüht sind. Aber ich bin auch traurig. Mir geht so viel durch den Kopf. So viel Schweres der vergangenen Jahre, so viel Kampf und so viel Trauer. Der Krebs hat einen Schnitt gemacht in mein Leben, ich weiß noch nicht, wie es weiter geht. Seltsam ist das, nun hat man ein Stück aus mir herausgeschnitten, was gut so ist und was ich auch wirklich gut finde, denn sonst hätte ich keine Chance, diese Krankheit zu überleben.

Und doch ist mir, als fehle mir was, ich kann das gar nicht beschreiben. Als sei etwas aus mir rausgeschnitten, was mehr war als lediglich ein Tumor. Es war ein Stück meines Lebens. Es ist gut, dass ich heute Nacht alleine bin, so kann ich hier sitzen mit dem rauschenden iBook und meinen Computer füllen. Kann meinen Nachtgedanken nachhängen und rumheulen. Weil mir so ist wie es mir ist. Weil ich so froh bin, dass sie mir was weggeschnitten haben, was so krank war und mich noch viel kränker gemacht hätte, und weil meine Seele genau das so unbegreiflich schwer findet. Ich komme mir so verrückt vor. Aber vielleicht bin ich ja einfach nur normal. Was weiß denn ich. Krebs weiß ich. Mehr nicht.

Freitag, 7. Oktober

Der Krebs ist komplett weggeschnitten, der Pathologe war begeistert. Allerdings sind einige Lymphknoten befallen gewesen, d.h. eine Chemo wird mir wohl nicht erspart bleiben. Ansonsten hat man nichts weiter gefunden. Meine Ärztin ist sehr zuversichtlich und somit bin ich es auch. Vielleicht kann ich Montag schon nach Hause. Ich kann es noch gar nicht wirklich fassen, so viel rauf und runter und ja und nein und doch und nicht und Hoffnung und dann liege ich bald mit meinem kleinen Hündchen wieder in einem Bett. Ach wäre das schön, einfach nur schön!!

Samstag, 8. Oktober

Nächte in einer Klinik können lang werden, für die, die darin liegen und für die, die darin arbeiten. Hinter vielen Fenstern wird gekämpft, hinter einigen wohnt das Glück und hinter anderen das Unglück. Ich wandere umher. Kann nicht schlafen. Klinikflure sehen immer so verlassen aus in der Nacht.

Sonntag, 9. Oktober

Bricht heute für mich die letzte Nacht an? Morgen noch einmal in die Röhre, und dann, so Gott will, darf ich nach Hause. Ich werde schon unruhig, ich sehne mich nach meinem Zimmer, meinem Sofa, meinem Bett. Rückzug. Abtauchen vor der Chemo. Den Schutzraum aufsuchen, bevor ich mich wieder dem Krebs stellen muss. Weglaufen geht nicht mehr, aber für ein paar Wochen abtauchen. Ich möchte nach Hause.

Montag, 10. Oktober

So, MRT vom Kopf ist gemacht, dort ist nichts außer das, was da hingehört GOTT SEI ES GEDANKT und nun kann ich nach Hause. Gleich holt mich mein Kumpel ab und ich kann es noch gar nicht fassen, nach Hause!! Mit diesen Drainageflaschen am Leib, aber nun gut. So sei es. Ich komme nach Hause!!

Donnerstag, 13. Oktober

Gestern noch habe ich gedacht, ich komme nie, niemals von den Schmerzmitteln los, aber heute geht es schon besser, ich brauche weniger. Und diese fürchterliche Drainageflasche baumelt noch an mir herunter und füllt sich auch immer weniger mit roter Flüssigkeit. Aus was besteht eigentlich so ein Mensch? Ich kann so was doch gar nicht ab, medizinische Berufe kämen für mich überhaupt nicht NIEMALS ABSOLUT NIEMALS infrage, und jetzt muss ich ständig so ein Teil mit mir rumschleppen. Na immerhin haben sie mir gestern Flasche Nummer 1 entfernt, ich hatte ja zwei. Jetzt habe ich nur noch eine. Trotzdem Mist, außerdem erinnert mich dieses Teil permanent und ohne Gnade daran, dass ich jetzt nicht mehr zu den Sorglosen gehöre. Schmerzen habe ich trotzdem, so innendrin, aber sie lassen sich aushalten, ab und an ein Pillchen und es geht. Morgen wieder Wundkontrolle in der Klinik. Mir rasen Zillionen Gedanken durch den Kopf, dicht gefolgt von doppelt so viel Gefühlen, dann bin ich völlig fertig und möchte weglaufen, und wenn ich realisiere, dass weglaufen nicht mehr geht, bin ich noch fertiger... und dann scheint die Sonne und mir geht es wieder gut. Ist das normal? Bin ich normal? Was weiß denn ich.

Sonntag, 16. Oktober

Heute hatte ich ausreichend Gelegenheit, mir darüber Gedanken zu machen was es heißt, gesund zu sein, also das zu sein, was ich bis vor 8 Wochen selber noch glaubte zu sein. Gestern bekam ich Probleme mit meiner mir noch treu verbliebenen Drainage, irgendwas war undicht und so hatte ich alles nass. Da es sich nicht um farbloses Wasser handelt, was da in den Behältnissen gesammelt wird und ich zudem eine regelrechte Memme bin (Blut = augenblickliches umkippen), bedeutet so was für mich ein wahres Drama. Ich muss in die Klinik!! Da muss ein Experte drauf gucken!! Hilfe!! Denn wenn ich mir das selber angucke, wie da so ein Geschläuch aus mir herauskommt und nicht farbloses Nichtwasser verteilt... dann liege ich da, und zwar augenblicklich. Hört sich zugegebenermaßen lustig an, ist jedoch irgendwie kontraproduktiv. Weil mir dann noch weniger als gar nicht geholfen ist. Also Klinik. Mein Kumpel fuhr mich, es war ein nettes Erlebnis, denn man fand keinen Arzt, der sich an eine Brust-OP-Nachsorge traute, das Brustzentrum war ärztemäßig verwaist und so musste kurzerhand eine Krankenschwester helfen. Zu Hause dann stellte ich entsetzt fest, jetzt läuft gar nix mehr. Ich hab mir dann gedacht, der liebe Gott hat dich nicht eine Brustoperation überleben lassen um dich dann an einer verstopften Drainage sterben zu lassen, jedenfalls nicht von heute auf morgen und so fuhr ich also heute Vormittag, wieder mit Hilfe des lieben Kumpels, erneut in die Klinik, diesmal war ein richtiger Brustarzt da, der Ahnung hatte. Der bestätigte meine Version des Gottvertrauens, sei alles nicht schön, aber auch nicht gefährlich, ich bräuchte mir keine Sorgen zu machen, er mache das jetzt mal neu und schaue gleich nach, per Ultraschall, ob sich da was angesammelt habe. Gesagt getan. Ist alles nicht schlimm, tut auch nicht wirklich weh, ok, es gibt schöneres, aber es gibt auch definitiv viel viel schlimmeres. Doch als ich da so lag, den Arm nach oben strecken musste, als ich spürte, dass ich nix spüre, weil noch alles taub ist, als ich dann den Blick nach unten wagte (es sieht wirklich gut aus, also da ist eine Narbe, aber ansonsten sieht es so aus wie immer), da kam mir eine Wortkombination in den Sinn, sie war auf einmal da, wie rote flammende Lettern leuchtete es vor meinem geistigen Auge: körperliche Unversehrtheit. Die ist nun dahin. Nein nein, ich will hier nicht jammern, das ist es nicht, es war nur so, dass ich auf einmal den Unterschied zu früher spürte, zu der Sorgloszeit. Ich fühlte mich so hilflos dem Leben gegenüber, ich kann das noch nicht recht beschreiben, ich bin jetzt in dieser Klinikmaschinerie, das ist ja auch gut so, da gehöre ich ja auch hin, nur ich fühlte mich so hilflos. Der Arzt war sehr nett, erklärte mir alles, hörte zu, nahm sich Zeit, kein husch husch, war kompetent und beruhigte mich. War alles bestens, besser hätte es nicht sein können. Darum geht es auch nicht. Es geht um das, was in mir ist. Was sich geändert hat. Ich muss jetzt Dinge geschehen lassen, aushalten, ertragen, ich MUSS das, um gesund zu werden. Es ist eine Form von ausgeliefert sein. Ich meine jetzt nicht die andere Seite, die Ärzte und die Klinik und und und... ich meine MICH, wie ICH mich fühle, was ICH empfinde, was diese Gedanken mit MIR machen, diese Gefühle, diese Termine, dieses spüren von nichts spüren unter dem Arm. Eigentlich, so meine ich, müsste es Mentoren geben. An jeder Uni gibt es für die neu eingeschriebenen Semester Mentoren, sie bekommen von älteren Studenten alles gezeigt und erklärt. Und ich dachte, so was braucht es auch in den Kliniken, Mentoren, Mentorinnen, die da sind, die sagen hör mal, fühlt sich jetzt blöd da an unterm Arm, ist aber normal, hatte ich auch... ich meine jetzt nicht das medizinische, ich meine das seelische. Das, was sich ändert, wenn die körperliche Unversehrtheit weggegangen ist und Gedanken und Gefühle kommen, die man erst mal nicht versteht. Sozusagen eine Gefühlsmentorin - um sich auf den langen Klinikfluren zurecht zu finden. Tagsüber. Und vor allem Nachts.

Freitag, 21. Oktober

Ein kurzes Gefühlstelegramm: Wach geworden - schlecht gefühlt - gefroren - Vormittag auf dem Sofa verbracht - schlecht ging nicht weg - Mittag auf dem Sofa verbracht - schlecht immer noch da - zur Heilpraktikerin gefahren - Vitamin D verpasst bekommen - Fußreflexzonenmassage - schlecht war weg - nach Hause gefahren - voller Energie Programme installiert – Bett. Gute Nacht!

Sonntag, 23. Oktober

Mein WG-Mitbewohner und ich, wir waren im Baumarkt, Farbe kaufen für die neu gemachte Gemeinschaftsetage, und dabei entdeckte ich die letztens eröffnete Weihnachtszeugabteilung und bin hin. Weihnachten habe ich schon immer so geliebt, und als mein Mann Hajo und ich uns kennenlernten, stellten wir mit Freude fest, dass wir beide es so sehr lieben! Wir haben Weihnachten regelrecht zelebriert, er und ich, wir hatten unsere Rituale und Vorstellungen und daran hat sich auch nichts geändert in unseren gemeinsamen Jahren. Dann kam das erste Weihnachtsfest ohne ihn, letztes Jahr, ich habe es überlebt, ja, das habe ich, überlebt. Aber es ist mir sehr schwer gefallen. Weil er mir so fehlte. Er fehlt mir immer noch. Ich hatte da noch so viel aufzuarbeiten, nachzufühlen und auszuhalten, und darum suchte ich mir damals ja auch eine Therapeutin, aber bevor es überhaupt losgehen konnte, kam der Krebs. Den hat man mir jetzt weggeschnitten, eine riesengroße Narbe zeugt davon. Die habe ich auch auf meiner Seele, und die will ich behandeln. Und darum habe ich mir jetzt eine Psychoonkologin gesucht, oder eine Therapeutin mit psychoonkologischer Weiterbildung, oder wie immer das auch heißt, jedenfalls habe ich jetzt eine. Und neue Christbaumkugeln habe ich auch. In Tropfenform, für meinen Kerzenleuchter an der Decke. Wie lange muss ich noch bis zum 1. Advent warten?

Dienstag, 25. Oktober

Ich für meinen Krebs habe die Frauenquote bereits erfüllt, es operierte mich eine Frau und nun habe ich noch eine Onkologin. Therapiebegleitend unterstützt mich eine Heilpraktikerin, und in Bälde gehe ich zu einer Psychoonkologin, außerdem begleitet mich jedes mal meine Freundin Feli, die alles aus eigener Erfahrung kennt, es kann also so gesehen nix schief gehen! Gestern nun erfuhren wir die Empfehlung der Tumorkonferenz (welch ein Wort!!) die da lautet: 3 x in Abständen von 21 Tagen ein Zeug, danach 9 x jede Woche zwei Zeug. Im Anschluss Bestrahlung. Wir waren bei meinem Professor, der mich ja durch alles durchlotst und mir immer alles erklärt, so ich es möchte. Danach gab es eine klasse Currywurst am wenn nicht weltbesten so doch regionsbesten Currywurststand, natürlich mit Pommes und Majo. Und, damit mir nicht langweilig wird, fahre ich gleich wieder in die Klinik zur Drainagenkontrolle. Donnerstag bin ich auch wieder da, Erstgespräch mit meiner Onkologin. Ich hab gedacht, wenn man krank ist, soll man sich auf das Sofa legen und ausruhen und nicht durch die Gegend düsen und Pommes essen! Heute gibt's dafür Kötbullar. Zu Hause!!

Freitag, 28. Oktober

Da sitze ich grad und denke darüber nach, dass ich ein Glückskind bin. Warum? Weil ich Zeit meines Lebens immer Menschen um mich hatte, die da waren, wenn ich sie brauchte. Nicht unbedingt nur Freunde, sondern Menschen im Allgemeinen. Engel könnte man auch sagen. Der Himmel hat mir Engel geschickt. Gestern war ich in der Onkologie, mein erster Termin dort. Und ich wusste gleich, da will ich nicht hin. Da nicht. Im Anfang liegt das Ende, heißt es nicht so? Und es fing schon schlecht an. Die Onkologin war eine richtig nette taffe Frau, aber sie konnte auch nichts mehr retten, dort stimmte es einfach nicht. Alles erinnerte mich an Alexander Solschenizyns „Krebsstation", welches ich als junges Mädchen gelesen hatte, lange, mit hässlichem

Linoleum und flackernden Neonröhren ausgestattete Flure, über und über voll mit wartenden Menschen, denen das Leid schon kilometerweit anzusehen war. Ich war danach ziemlich am Ende, weil ich erst mal nicht das Licht gesehen habe sondern nur die Dunkelheit. Krankheit. Krebs. Chemo. Schrecklich. Und ständig wurde nach der Ärztin verlangt, sie war die einzige für all diese Menschen, man konnte nicht drei Sätze mit ihr in Ruhe reden, dann klopfte es oder das Telefon schrillte. Sie entschuldigte sich immer wieder für diese Zustände, aber bei der Masse an Patienten sei es einfach nicht anders zu organisieren. Zu Hause dann habe ich meinen Professor angerufen, habe ihm atemlos berichtet, was ich erlebt habe und dass ich da nie, niemals mehr wieder hin will. Niemals. Er konnte mich verstehen und sagte mir auch gleich, er organisiere mir nun etwas, was zu mir passe, dafür müsse er noch einige Telefonate führen, auch mit meiner Operateurin, aber Montag könne er mir schon mehr sagen, ich solle mich nun einfach ausruhen. Er werde sich kümmern und am Montag sehen wir uns dann. Und da war es wieder, mein Glück, so wie es all die Jahre war, angefangen mit meiner Großmutter, die da war, als ich unterzugehen drohte. Der Himmel hat sie geschickt und sie hat dann hier auf Erden dafür gesorgt, dass ich überlebe. Sie war immer da, meine ganze Kindheit und Jugend. Und danach waren immer wieder Menschen da, die zur Stelle waren, wenn ich Hilfe brauchte. Die Dinge für mich regelten, wenn mir die Kraft fehlte. Helfende Hände, die für mich tun. Ich bin ein Glückskind, daran hat auch die Krebserkrankung nichts geändert. Meine Engel sind immer noch da. Heute dann auch mein Bankengel, der sich um die Finanzierung der Renovierung kümmert, der einfach alles für mich macht, erholen sie sich von den Strapazen, sagte er mir am Telefon, ich werde die nötigen Schritte für sie unternehmen, sie brauchen sich um nichts zu kümmern, werden sie einfach nur gesund. Welch ein Segen sind diese Menschen für mich!!

Sonntag, 30. Oktober

Wisst Ihr eigentlich, wie es sich anfühlt, wenn man sich unter dem linken Arm wäscht und wenn man nix fühlt, weil man dort kein Gefühl hat? Es fühlt sich schrecklich an!!!!

Montag, 31. Oktober

Heute bei meinem Professor gewesen, der hat alles vorbereitet, gehe nun zu zwei Onkologinnen, Termin schon am Donnerstag. Dann hat er mir noch mal erklärt, wie gut die Operation verlaufen sei und dass ich außerordentlich gut heile. Meine Voraussetzungen seien gut, Glück haben nannte er das. Ich sag ja, ich bin ein Glückskind. Hoffe, es bleibt bei mir, das Glück. Jedenfalls da. Hatte wirklich genug Unglück die letzten Jahre. Wirklich genug.

Mittwoch, 2. November

Heute war ich lange mit meiner Freundin Feli spazieren, mit der ich nun das gleiche Schicksal teile, sie hatte vor etlichen Jahren Brustkrebs. Wir kamen auch an einer Mühle vorbei und da fiel mir ein, dass ich vor 36 Jahren dort Fotos für einen Fotokurs der Volkshochschule gemacht habe. Wir haben die Mühlräder der damals noch unbewohnten Mühle fotografiert. Und natürlich kamen wir dann darauf zu sprechen, wie es war, so jung, was wir da dachten und fühlten und dass Krankheit etwas war, was gar nicht zu unserem Leben gehörte. Meine Freundin sagte dann, als sie Krebs bekam, da hätte sie auf einmal gedacht, nein gefühlt, sie sei jetzt wie auf "der anderen Seite", auf der einen Seite die gesunden und auf der anderen die kranken, die nicht mehr dazu gehören. Nach dem Spaziergang ging es mir etwas besser, irgendwie war ich vorher in so einem verdammten Tief, ich habe derzeit, außer mit meiner Krankheit, auch noch mit der Trauer um meinen Mann zu kämpfen. Die kommt grad wieder mit voller Wucht heraus, die Trauer.

Donnerstag, 3. November

Rein in die Stadt... raus aus der Stadt... rein in... ich bin jetzt immer zwischen Dorf und Stadt unterwegs, weil ich einige Termine zu absolvieren habe, denn endlich geht es los. Was? Die Chemo natürlich, aber bevor jetzt jemand denkt, ich freu mich drauf... Gott bewahre, nein, aber ich will es endlich hinter mich bringen. Heute also der Termin in der neuen onkologische Praxis, ein Unterschied wie Tag und Nacht, ich fühlte mich gleich aufgehoben. Ein kleines Wartezimmer in fröhlichen Farben, überall Blumen und helle Räume. Mir wurde alles erklärt, in einem kleinen gemütlichen Zimmer, in Ruhe, ohne Störungen, ohne Hektik. Fast eine Stunde. Dann sicherte man mir zu, so schnell wie möglich die noch nötigen Termine für mich zu vereinbaren und ich war noch im Auto auf dem Weg nach Hause, da klingelte schon das Handy, morgen früh gleich um halb 10 ist die notwendige Herzuntersuchung in der Praxis Dr. Sowieso... und wieder in die Stadt. Montag dann der nächste Termin, es geht Schlag auf Schlag. Und vier Monate nach der Chemo soll ich wieder die gleiche Frisur haben wie heute. Na, da bin ich aber mal gespannt.

Montag, 7. November

Warum eigentlich hat man in so einer Klinik das Gefühl, als sei alles eine irgendwie schrecklich durcheinandere Organisation? Heute war ich geschlagene fünf Stunden dort und habe mich einer Voruntersuchung für die morgige Port-OP unterziehen müssen. Die Untersuchung war nur 15 Minuten, der Rest bestand aus warten, hin und her laufen, Etage 1 und Etage 3 und Parterre und wieder zurück, noch mal warten, noch länger warten, noch mal Bögen ausfüllen, die ich schon mindestens 3 mal ausgefüllt hatte, wieder 74 mal die gleichen Fragen beantworten und warten, noch mal warten und wieder die gleichen Fragen beantworten und ehrlich, ich blick da nicht wirklich durch, warum das alles so nötig ist, aber ok, nach 5 Stunden war ich dann wieder raus aus dem Bunker, 10 Euronen Parkgebühr und ich konnte nach Hause. Morgen früh so gegen 10 soll ich die ScheißEgalSpritze kriegen, die mich hoffentlich vom Geschehen abschirmt, denn ich bin eine anerkannte Memme und kann nichts ertragen, was mit Blut zu tun hat. Und dann kann ich irgendwann nach Hause und dann werde ich alle Vorbereitungen für die Giftmischung überstanden haben. Aber ich bin geschafft, wirklich, einfach nur geschafft. Im Moment passiert mit mir eigentlich gar nichts schlimmes, doch ich bin geschafft. Zu viel ist passiert, zu viele Abschiede musste ich ertragen, und dann starb auch noch Regina, die ich vor ein paar Jahren durch den Blog meiner Mutter kennen gelernt habe. Wir hatten nur einmal direkten Kontakt, auf ihrer Seite, aber ich habe sie dort häufig besucht und Anteil genommen an ihrem Schicksal. Irgendjemand schrieb jetzt in ihrem Gästebuch, es sei so unglaublich, dass sie gestorben sei und die Erde sich einfach weiter drehe. Genau das habe ich damals auch gefühlt, als Hajo starb. Ich kenne Regina nicht persönlich, aber es entsetzt mich die Vorstellung, dass ich auf ihrer Seite nichts mehr von ihr lesen werde. Diese Endgültigkeit bringt mich grad an den Rand meines Fassungsvermögens. Sie hat mich Teil haben lassen an ihrem Leben und ich habe gerne Teil genommen, auch wenn vieles, was dort stand, manchmal sehr schmerzhaft war, denn ihr Weg war wahrlich kein leichter. Die Welt dreht sich weiter. Ja das tut sie. Auch wenn diese Vorstellung manchmal einfach nur schwer zu ertragen ist.

Dienstag, 8. November

Gestern noch bekam ich erklärt, dass es bei einem von 10 Trillionen Patienten vorkommen könne, dass die Vene (oder wie immer man das Ding nennt, wo der Schlauch von dem Port reinkommt) zu dünn sei und man sich deshalb was einfallen lassen müsse. Irgendeine dickere Vene werde dann perforiert und dann werde was geschoben und... jedenfalls kompliziert. Heute weiß ich, dass ich die eine von den vielen Trillionen bin. Und weil die junge und hübsche Anästhesistin die Narkosemittelmenge nach der Dauer der einfachen OP ausgerechnet hat, wurde ich vor dem Ende wach. Und hörte den ebenso hübschen Chirurgen fluchen, weil es nicht so klappte, wie er sich das gedacht hatte. Gespürt habe ich aber nix, weil die Lokalanästhesie ja noch wirkte, nur wach war ich. Das Perforieren geht wohl mit Strom, jedenfalls brutzelte und zischelte es fröhlich vor sich hin und ich fand das alles total lustig, weil ich zwar wach, aber immer noch narkoseknülle war. Huch, flötete die junge Anästhesistin, da sind sie ja... jaaaaaaa, da war ich und grinste unter der Atemmaske schräg vor mich hin. Dann war es vorbei, der Chirurg kam noch persönlich und erklärte mir, warum das so schwer war, aber es interessierte mich nicht wirklich, ich hockte nur zusammengesunken auf dem mobilen OP-Tisch, denn mittlerweile spürte ich auch die Schmerzen und war gar nicht mehr lustig drauf. Mit diesem Tisch schoben sie mich dann in den Aufwachraum, wo der diensthabende leitende Anästhesist doch glatt lachen musste, als er mich sah, wie sitzen sie denn da, wie ein Haufen Elend... ICH **BIN** EIN HAUFEN ELEND ICH WILL SOFORT EINE TASSE KAFFEE... und was soll ich sagen, er lief los und ich kriegte meinen Kaffee und dann ging's mir schon besser. Hinterher habe ich mir überlegt, wie ich denn ausgesehen haben mag, und da musste ich selber lachen, ich lag also nicht mehr auf dem Tisch, ich saß darauf, leicht zur Seite gekippt wegen der Schmerzen, mit dieser blauen Plastikhaube auf und dem schicken gepunkteten OP-Hemdchen an und dem mieslaunigsten Gesicht, was man sich vorstellen kann. Bei der Vorstellung muss ich jetzt noch grinsen. Jedenfalls ist es überstanden und das Mistding ist drinne, geröntgt wurde ich auch, weil was perforiert wurde und dabei kann die Lunge verletzte werden. Wurde sie aber nicht. Und Dienstag, da kommt er das erste Mal zum Einsatz, der Port. Irgendwie ist das alles unglaublich.

Montag, 14. November

Die Weihnachtszeit beginnt so langsam, in den Kaufhäusern hat sie es jedenfalls schon. Ich werde diese Weihnachtszeit und noch mal so viele Wochen mit einer Giftmischung zubringen, die mir den Krebs vom Leib halten soll. Und trotzdem will ich die Zeit genießen, jedenfalls so gut es geht. Ich habe schon mal so kleine Glasteilchen ausgepackt, die ich mir vor einigen Jahren mit meiner liebsten Kollegin gekauft habe. Weihnachten hatte ich immer gerne und werde es auch weiterhin haben, doch grad jetzt fehlt mir mein Mann so, der ja letztes Jahr verstorben ist. Seitdem ist nichts mehr so, wie es mal war. Nichts mehr. Ich kämpfe seither um mich und mein Leben, im wahrsten Sinne wie im übertragenen. Ich werde meinen Weg gehen, wie ich es immer getan habe, so schwer es auch war.

Dienstag, 15. November

Es ist geschehen, das Gift ist verklappt!! Zunächst zwei dicke fette rote Spritzen, also der Inhalt war rot, hochtoxisch, wie man mir versicherte, und so käme es auch wieder aus mir heraus, rot, das toxische bleibe aber drinnen und sorge dafür, dass sich meine Frisur ganz bald geringfügig andern werde...

Mittwoch, 16. November

Schon als ich klein war und ab und an krank, da sagte man mir nach, ich würde mich gesund schlafen. Das kann ich heute noch, in den Schlaf abtauchen. So mache ich es seit zwei Tagen, schlucke brav meine AK-Pillen (AntiKotz) und lege mich wahlweise ins Bett oder aufs Sofa. Ich habe noch keine Beziehung zu dem Gift, was da derzeit in mir wirkt. Zu meinem Knubbel hatte ich eine, hört sich vielleicht jetzt schräg an, war aber so. Der war irgendwie ein Teil von mir, ich wusste zwar, dass er weg musste. So oder so. Aber er war ein Teil von mir. Das Gift ist es noch nicht. Ich wehre mich nicht dagegen, ich verschlafe es irgendwie. Ob man sich gesund schlafen kann? Jedenfalls kann man irgendwie diese Nebenwirkungen überschlafen. Ich schlafe derzeit sogar wenn Vollmond ist, was ich sonst nicht tue. Ich schlafe eigentlich immerzu.

Montag, 21. November

So, ich habe es geschafft, ich konnte kochen, so richtig, so in echt mit Lebensmittel umgehen ohne dass mir übel wurde, das ist doch mal was. Die renovierte Küche ist nun auch wieder benutzbar und bald sogar ganz fertig, es wird, es wird. Vier Tage fühlte ich mich wie von einem schweren Magen-Darm-Virus betroffen, danach ging es laaaaangsam bergauf und jetzt geht es eigentlich ganz ok, wenn ich es mal so zusammenfasse. Das einzige Manko ist, dass ich schlapp bin, so schlapp, dass ich nach jeder Aktivität ruhen muss. Das ist aber jetzt nicht schlimm, ich muss mich daran nur gewöhnen. Aufstehen, mit dem Hund gehen, ausruhen, Frühstücken, ausruhen, duschen, ausruhen... so geht es weiter, alles wird von ausruhen unterbrochen, so zieht sich mein Tag in die Länge und ehe ich mich versehe, ist es Abend. Und dann ruhe ich wieder aus. Ich muss viel trinken, damit meine Nieren das Gift rausspülen, also koche ich mir ständig Kräutertee und ich glaube, wenn ich die Chemozeit hinter mir habe, dann kann ich keinen Tee mehr sehen. Noch aber schmeckt er mir, zum Glück, bei Aldi Süd gibt es jede Menge Bio-Kräuter-Tees, die schütte ich jetzt Kannenweise in mich hinein. So, jetzt werde ich mal wieder ausruhen, und dann fängt die Nacht an und dann ruhe ich mich auch schon wieder aus. Das ist für jemanden wie mich, der ständig und drei Tage irgendwelche Projekte hatte, echt GEWÖHNUNGSBEDÜRFTIG. Aber der Krebs, der ändert ja alles. Merke ich grad wieder.

Dienstag, 29. November

Es geht los!! Was geht los? Der Haarausfall geht los. Na klasse, wie ich mich freue... Gut, dass es kalt ist, dann falle ich mit meinen Mützen nicht so auf. Meine Schwester hat mir Kappen aus Dubai mitgebracht, die moslemischen Frauen tragen nämlich nicht nur Kopftücher sondern auch moderne Kappen. Und ich demnächst auch! Nur sehe ich nicht so gut damit aus, aber ich fühle mich derzeit eh irgendwie nicht so wirklich wohl in meiner Haut, aber ich weiß, das kommt wieder. Das hält mich aufrecht. War heute bei meinem Professor, alles ist, wie es sein soll, das beruhigt mich dann doch. Und das mit den Haaren, das werde ich auch noch hinkriegen, ich habe sie mir ja schon rappelkurz geschnitten, eben wollte ich sie mir dann auf ein paar Millimeter abrasieren, aber das bescheuerte Rasierding rasiert nicht. Mein verstorbener Mann hatte so ein mechanisches von ganz früher, vielleicht probiere ich das mal aus. Ist ja eh egal, ob es bescheuert aussieht oder nicht, bald sind sie gänzlich verschwunden, die Haare. Derzeit fallen übrigens nur die weißen aus und nur die oben auf dem Kopf. Hinten nicht. Nicht, dass ich bald aussehe wie ein Mönch...

Mittwoch, 30. November

Es ist vollbracht, ich hab das warten nicht mehr ausgehalten und bin in die Offensive gegangen: Rasierer und weg waren sie. Das Rasierteil rasiert nämlich doch, ich war gestern nur zu blöd. Und nun sind sie hinfort und ich muss zugeben, ich habe es mir schlimmer vorgestellt, irgendwie sieht es, naja, ich will jetzt nicht übertreiben, aber es sieht gar nicht schlecht aus, so 3 mm lange... äh... kurze Haare. Mein Vater sagte schon als Jugendliche zu mir "dir stehen kurze Haare" und das hat mich so was von wütend gemacht, fand ich kurze Haare doch doof. Ich sollte sie mir immer abschneiden. Und jetzt, schlappe 40 Jahre später, muss ich ihm Recht geben: ich habe einen Kopf für extrem kurze Haare. Nun denn. So sei es. Aber das abrasieren, das hatte schon was Spirituelles, echt. Meine Freundin kam vorbei und holte die Hunde und sie war völlig erschrocken, als ich da mit dem Rasierer und dem halb kahl rasierten Schädel vor ihr stand. Mir ging es dabei gut, sie meint ja, ich sei verrückt. Vielleicht hat sie ja Recht. Nun bin ich halt verrückt ohne Haare!

Freitag, 2. Dezember

Heute kriegte ich auf einmal Lust, mir Turbane um den Kopf zu wickeln, ich habe so was noch nie gemacht. Niemals nie nicht wäre ich auf die Idee gekommen, mir Stoff um den Kopf zu wickeln, wenn ich nicht die Haare weg hätte. Aber ich finde, es ist eine gute Idee. Ich habe schon Pläne für die Zeit wieder mit Haaren. Kurzhaarfrisur auf jeden Fall und dann mal den ein oder anderen Turban... Ich meine, warum nicht. Ich hab sowieso den Wunsch, alles mögliche zu ändern. Es ändert sich grad viel und dann ändere ich eben auch was. Am 13. Dezember treffe ich meine Psychoonkologin zum Diagnosegespräch oder wie immer das erste Mal dort heißt und nach allen Körpertherapien geht dann die Seelentherapie los, dauert also noch ein Weilchen. Ich denke, es gibt dann viel zu besprechen. Diese haarlose Zeit löst einiges bei mir aus, was nicht nur von übel ist. Mach mir dazu schon seit Tagen Gedanken. Es gibt zum Beispiel in Indien ein religiöses Ritual, da werden dem Hindu-Gott namens Venkateswara zum Dank alle Haare geopfert. Ich kenne Venka-dings nicht, werde ihm auch nicht ein Härchen opfern, aber irgend was Spirituelles geht da bei mir ab. Es fühlt sich jedenfalls nicht falsch an. Aber vielleicht bin ich ja doch einfach nur verrückt.

Mittwoch, 7. Dezember

Heute die zweite Chemo erhalten, alles gut gelaufen, habe nur gepennt während der Prozedur und nicht viel mitbekommen. Zu Hause dann weiter gepennt, es läuft etwas besser als beim ersten Mal, habe die Übelkeit dank Pillchen gut im Griff, lege mich jetzt wieder hin und halte es einfach nur aus.

Freitag, 9. Dezember

Die Grippenebenwirkungen dauern wirklich nur noch zwei Tage an, mein Körper scheint sich an die Strapazen zu gewöhnen. Aber ich bin nach wie vor vier Tage einfach nur platt. Platt wie eine Flunder und zu nix zu gebrauchen, liege nur rum und schlafe, aber das muss wohl so sein. Dann habe ich Heißhunger auf Omelette, danach geht es mir gut und dann schlafe ich weiter. Ich kann auch nix machen, kann mich auf nix konzentrieren, nur liegen und dösen oder schlafen. Erstaunlicherweise kann ich dann nachts auch schlafen, aber das ist wohl auch normal nach so einer Giftmischung, die dem Körper ja nun erheblich zusetzt. So sieht es also aus. Seit gestern ist mein kleiner Hund wieder bei mir, meine große Hündin schaffe ich noch nicht. Aber so komme ich wenigstens auf die Beine, denn das Kerlchen muss ja nun regelmäßig raus. Ich schleiche dann mit ihm um den Block, aber die Wege werden weiter und er ist ja nun wirklich ein geduldiges Hündchen. Dafür gab es heute Hähnchenkeulchen, hmmmm was hat ihm das gefallen und mir gefällt es, wenn es meinem Hund gut geht, das ist Balsam für meine Seele. Meine Katze kriegt natürlich auch was davon ab!

Sonntag, 11. Dezember

Ich ziehe um. Für ein paar Wochen. Ins Wendland, zu meinen Eltern. Morgen organisiere ich, dass die nächste Chemo dann dort im Krankenhaus stattfinden kann. Ich brauche Familie. Ich brauche betüddeln. Ich brauche töttern am gedeckten Frühstückstisch. Ich will einfach nicht mehr hier alleine mit all dem Mist kämpfen. Nein, ich bin nicht alleine, ich habe Freunde, ich habe einen Mitbewohner, ich habe

Menschen, die sich kümmern. Aber ich will jetzt, Weihnachten, das zweite Weihnachten ohne meinen Mann, Familie haben. Ich will das. Und ich mach das, was ich will.

Montag, 12. Dezember

Nun steht Familie auf dem Programm. Habe heute meine dritte Chemo im Wendland vorbereitet, geht alles, muss nur noch rumtelefonieren. Und nächsten Dienstag geht es dann los, mit meinem kleinen Auto, meiner Schwester, zwei ihrer Kinder und Kleinstköfferchen, denn mehr passt in das kleine Auto einfach nicht hinein, Hauptsache die Geschenke kommen mit...

Mittwoch, 28. Dezember

So, ich war in Salzwedel im Krankenhaus, die letzte Chemo des ersten Zyklus – 3 x alle drei Wochen - ist verklappt, anders als in Düsseldorf nicht direkt und pur mittels zweier dicker Spritzen in mein Adersystem sondern per Tropf, das dauert länger, aber es geht mir viel besser. Es geht mir so gut, dass ich Vaters Gericht essen konnte, dass mir noch nicht ein einziges mal übel war, und dass ich jetzt hier mit Mutter in ihrem Zimmer sitze und ihr Gesellschaft leiste, denn ihr geht es nicht gut. Als Vater und ich in der Klinik waren, kam das erste mal eine Pflegekraft zu ihr, das hat sie sehr verunsichert. So sehr, dass sie jetzt furchtbar unruhig ist. Also sitze ich bei ihr, weil es mir so gut geht, und das finde ich prima!! Ich glaube, ich bleibe den Rest der Chemo hier. Irgendwie gefällt mir Salzwedel besser, die Gespräche mit den Ärzten, die netten Schwestern, die Ernsthaftigkeit, ich kann es nicht genau ausdrücken, aber ich fühle mich besser aufgehoben. Mal sehen. Die erste Chemo des zweiten Zyklus bin ich ja sowie so noch hier, die ist in drei Wochen. Dann kann ich auch noch acht Wochen länger bleiben, oder?

Donnerstag, 29. Dezember

Es ist entschieden, ich ziehe alles im Wendland durch, mit Familie ist es einfach leichter, sagt mein Professor auch, der mich voll unterstützt!!

Tagebuch 2012

Sonntag, 1. Januar

Ich wünsche allen ein frohes neues Jahr, Gesundheit oder zumindest einen sehr erträglichen Zustand, denn dass Gesundheit schnell hinfort sein kann, dass habe ich die letzten beiden Jahre schmerzlich erfahren müssen. Erst starb mein Mann an einer Lungenembolie und dann kam mein Krebs. Meine Schwester, die im orientalischen Ausland lebt, berichtete mir am Telefon, dass heute Nacht ein 15-jähriger Junge von Regierungstruppen getötet worden sei, dass sie ihr Haus nicht verlassen konnten, da Tränengasschwaden durch die Dörfer zogen. Was ist uns wichtig in unserem Leben? Ich denke so oft darüber nach. Gerade jetzt, wo ich mitten in der Chemo bin und verdammt viel Zeit zum Nachdenken habe. Das Versorgungsamt hat mir geschrieben, alle meine Erkrankungen zusammen genommen ergeben einen derzeitigen Schwerbehindertengrad von 90 %. NEUNZIG! Ich bin angeschlagen und auch wenn ich über verdammt viel Resilienz verfüge, so muss ich es verdammt nochmal lernen mir selber zuzugestehen: ich bin krank. Für 2012 wünsche ich mir einen großen Schritt hin zu neuer Gesundheit!! Zu innerer Kraft und zu Geduld mit mir und zu Einsicht.

Mittwoch, 4. Januar

Ich kann meinen Alltag nicht mehr mit meinem Liebsten teilen. Das ist mir in der letzten Nacht so schmerzlich klar geworden, auch wenn es nun bald anderthalb Jahre mein Alltag ist. Ich lag im Bett, konnte nicht schlafen, dachte an meinen Mann, an meine Krebserkrankung, an das, was ich derzeit alles aushalten muss, an meine Mutter, der der Alzheimer jetzt den letzten Rest ihres Wesens raubt, an all das dachte ich und daran, wie sehr ich mit meinem Mann verbunden war. DAS ist es, was mir so zu schaffen macht, was wohl immer so bleiben wird, immer, keine

Weihnachtsvorbereitungen mehr, nichts mehr, was uns so verbunden hat. Und wenn die Trauer weg ist, diese schlimme Trauer, wenn das Wissen um seine schwere Depression verarbeitet ist, die eigene schwere Belastung, wenn alles therapeutisch von rechts nach links... dann bleibt dieses Fehlen der Verbundenheit, die Essenz einer Liebe, die Uressenz. Und die liegt wie eine glühende Kohle auf meiner Seele und sie wird brennen ein Leben lang.

Samstag, 14. Januar

Neben mir liegt Basso, der schnellste Hund des Wendlands. Er ist eine Mischung aus Schäferhund und Windhund und außerdem Pferd, denn er galoppiert wirklich wie ein Pferd und ist schnell wie der Wind. Gefunden wurde er auf einer Müllkippe, da war er noch ganz klein. So landete er bei mir und er war echt ein goldiges Kerlchen. Dann fuhr ich zu meinen Eltern ins Wendland, mit drei Hunden, meinem großen Bienchen, meinem kleinen Mäxchen und dem kleinen Welpen von der Müllkippe. Tja, und da mein Vater auch gerne einen zweiten Hund haben wollte, blieb er gleich da. Nun sind die beiden dicke Freunde und so ziemlich unzertrennlich. Und Basso liebt mein Bett. Aber ich werde ihn gleich vertreiben, weil ich mich nämlich da rein legen möchte. Basso ist ein Riese, er hat ellenlange Beine. Doch er ist eine Seele von Hund, so ein ganz Lieber. Gut, dass das nicht alle wissen, denn er bewacht das große Grundstück und das Haus und das macht er echt gut. Wenn nur jemand am Gartentor steht, schlägt er schon Alarm. Dafür freut er sich ein Loch in den Bauch, wenn die Briefträgerin kommt, die liebt er nämlich heiß und innig. Mein Bienchen ist ja bei meiner Freundin geblieben, bei der sie eh die meiste Zeit wohnt, ich habe nur das Mäxchen mit, der jede Nacht mit mir unter einer Decke schläft. Ohne Mexi ging gar nicht, ich brauche dieses Seelchen in meiner Nähe. Denn nächste Woche beginnt der zweite Zyklus, 9 x jede Woche, da wird dann etwas neues, nämlich Eibensaft, in mich gefüllt. Habe den Namen vergessen, irgendeine pazifische Eibe, aber halbkünstlich hergestellt. So viele Eiben gibt es ja nicht wie Menschen mit Krebs. 9 x

Eibensaft. Und gleichzeitig Herceptin. Irgendwie schafft mich dieser Gedanke, was da alles in mich verfüllt wird, was ich alles aushalten muss. Da dachte ich heute drüber nach, über diese Sorglosigkeit, die ich mal hatte. Es ist jetzt nicht so, dass ich von Sorgen gebeutelt bin, nun wirklich nicht, aber diese Sorglosigkeit war doch was ganz anderes. Die Sorglosigkeitszeit war weniger intensiv, so fühle ich das, sorglos aber weniger intensiv. Jetzt fühle ich mich, wie soll ich das sagen, wissender? Ich meine nicht schlauer oder so, aber irgendwie wissender, ich weiß um etwas, was ich vorher nicht kannte. So, genug der Gedanken, ich gehe jetzt Basso vertreiben.

Mittwoch, 18. Januar

War meine erste Chemo mit Eibensaft verklappen, sechseinhalb Stunden. Hat gut geklappt. Das jetzt jede Woche, diese Vorstellung schafft mich ein wenig, aber das stehe ich auch noch durch. In der Altmark-Klinik ist es wirklich gut, wenn schon Chemo, dann da.

Donnerstag, 19. Januar

Habe heute gesurft, habe auf einigen Blogs über Krebs die Blogempfehlungen verfolgt und bin von Höcksken auf Stöcksken gekommen. Buchempfehlungen, Umgangsregeln, wie hat was zu sein oder nicht oder doch. Die Kommentare bei Amazon zu diversen Buchempfehlungen fand ich dann doch am besten. JedeR hat so ihre/seine Sicht der Dinge. Ich wurde immer verworrener. Was ist das nun, Krebs? WiKi half auch nicht wirklich weiter. Ungerechtfertigte Zellteilungen. Können hier und dort stattfinden. Fünfjahresüberlebensrate. Gene hin, Gehe her, Rauchen ist absolut von Übel und Ernährung ist auch wichtig. Meine Verworrenheit nahm zu. Ich habe mich entschieden: mein Krebs ist mein Krebs. Basta. Ich gehe damit (womit?)

mal so um und mal so. Mal weniger und mal mehr. Ich weiß im Grunde nicht, was das ist, Krebs. Mal glaube ich es zu wissen, mal bin ich sicher, ich kapier's nie. Man hat ihn mir weggeschnitten. Was gut so ist. Dann die Frage, warum ist das da in mir gewachsen? Was will mir diese ungerechtfertigte Zellteilung sagen? Kann sie überhaupt reden? Will sie mir am Ende nur sagen: hör auf rumzudenken, ich bin eine verdammte Krankheit und gut ist. Oder eben nicht gut. Kümmer dich um eine anständige Therapie und ansonsten um deinen Alltag. Meine Mutter heult grad meinem Vater was vor, sie hat Alzheimer und will nach Hause. Sie ist zu Hause. Sie erkennt ihr zu Hause nicht mehr. Und am Ende sagt sie schluchzend "lass mich tot fahren". Grausam. Einfach nur grausam. Und was ist das nun, Krebs?

Stunden später. Mutter geht es wieder besser, Vater hat sie geduscht und sie hat den Pullover angezogen, den sie schon die ganze Zeit haben wollte, dann war sie fröhlich. All das Dunkle war weg. Und ich habe mir mit am Computer die Zeit vertrieben, mit einer Fotosoftware, ich verfälsche so gerne Bilder, bunt, neon, verpixeln und was es da alles zu sehen gibt, ich mag das. Und bei der Gelegenheit habe ich mich gefragt, wer bin ich denn eigentlich nun. Antworten habe ich keine gefunden, wäre auch zu schön, aber mir wurde auf einmal klar, dass ich erst im September 2010 und dann genau ein Jahr später im September 2011 aus meinem Leben herauskatapultiert wurde. Klatschklatsch und weg war es. Das, was bisher da war. Weg. Ich guck grad Mädchen, Models und Moneten oder so, kam direkt nach „Der Teufel trägt Prada“, was ich mir mal angeschaut habe, jedenfalls die letzte Stunde davon. Und dieser Film nun ist eine Doku dazu. Erschreckend. Ist ja überhaupt nicht meine Welt, also das war mal, Mode und so, da war ich noch ganz jung. Damals passte ich auch in die Klamotten, die die Mädels heute tragen, aber ich habe nicht gehungert, im Gegenteil, ich habe Süßigkeiten GEFRESSEN, ich hab einfach wenig gewogen, stimmt ehrlich, nix hungern und so, ich war einfach eine, wie man das damals nannte, Bohnenstange, und das fiel mir ein, als ich das alles sah, und da dachte ich an mich damals, ich war Anfang 20, und da hab ich doch wirklich gedacht, ich weiß, wer ich bin. Echt wahr. Nix hab ich gewusst, jedenfalls nichts von sein, von jung sein, ok, aber mehr auch nicht. Heute bin ich keine Bohnenstange mehr und habe eine lange Narbe unter dem linken Arm bis über die Brust und mein Mann ist tot und ich habe Alzheimer kennen gelernt und bin aus meinem Leben hinauskatapultiert worden. Und dann habe ich also ein aktuelles Bild von mir ohne Haare mit Mütze verpixelt und verirgendwas und mich gefragt, wer bin ich eigentlich. Und dann dachte ich, klasse, bist ja keinen Schritt weiter wie damals die Bohnenstange...

Freitag, 20. Januar

Heute habe ich Bergfest! Halbzeit, noch acht Wochen und dann ist Schicht! Dann bin ich fertig mit Chemo, fahre nach Hause und dann wird bestrahlt. Da gibt es auch ein Bergfest. Es werden wohl so etliche Bergfeste kommen oder, sage ich es mal anders, es sind einige Höhen zu erklimmen. Rauf und runter, jau, so fühle ich mich derzeit. raufruntermäßig. Aber Bergfest ist gut, oder?

Samstag, 21. Januar

All überall in den Knochenspitzen fühlt man kleine Schmerzen blitzen... Uiuiuiui der Doc hat es ja gesagt, diesmal können Knochenschmerzen zu den Nebenwirkungen gehören. Tun's auch, wie damals, in der Kindheit, Oma warum tun mir die Knochen weh? Du wächst, mein Kind, dann ist das so. Aha. 45 Jahre später wachse ich meiner Gesundung entgegen, Oma, pass ein bisschen auf mich auf, damit das auch klappt!! Danke.

Dienstag, 24. Januar

Wenn man Zeit hat, weil man auf Giftcocktails wartet und sonst auch nicht viel zu tun, macht man sich so Gedanken. Man denkt dies und man denkt das und kommt zuweilen zum Sinn des Lebens, dem letzten Urlaub und wieso man jetzt hier hockt und dann findet man Fotoalben. Vor allem, wenn man die Chemozeit im Haus der alten Eltern verbringt, die davon jede Menge in Regalen herumstehen haben. Ein Foto von Oma Berlin, der Mutter meiner Mutter, die erinnert mich immer an Doris Day. Oma war stets schick gekleidet und hatte immer tolle Brillen auf. Und sie war unglaublich lebenslustig. Und dann ein Foto von Oma und mir, wir beide reiten auf Eseln, von diesem Foto erzählt mein Vater heute noch, wie die ganze Familie am Strand in Holland war, und wie sie plötzlich zwei Esel von weitem kommen sahen und darauf, natürlich, laut lachend Oma Berlin und daneben ihre Enkeltochter. Welche ich bin. Meine Omas, ich hatte zwei, die wohnten auch noch zusammen, waren unglaublich wichtig für mein Leben. Oma Hassel, die Mutter meines Vaters, war noch wichtiger, bei ihr bin ich aufgewachsen. Vater erzählte mir heute, ich muss so zwei oder drei gewesen sein, da habe ich ein großes Himbeerbonbon verschluckt. Und hustete und es ging nicht runter und kam nicht rauf. Man brachte mich sorgenvoll ins Katholische Krankenhaus, und was das vor nahezu 50 Jahren bedeutet hat, kann man sich vorstellen. Man fand nichts, wollte mich jedoch zur Beobachtung da lassen. Meine Eltern, beide grad Anfang 20, fuhren mit ihrem für 100 Mark erstandenen Käfer also ohne mich nach Hause zu Oma. Wo ist das Kind. Es ist im Krankenhaus. Warum. Man will es zur Beobachtung eine Nacht da lassen. Vater meinte, ab da sprach Oma kein Wort mehr, ihre Augen verdunkelten sich gefährlich, sie zog sich den Mantel an, blickte meinen Vater, ihren Sohn, an, der wusste, jetzt heißt es, sofort ab zum Krankenhaus, sonst gibt es Verletzte. Am Krankenhaus angekommen, hörten sie mich bis unten schreien. Meine Oma stampfte hinein, Schwestern stellten sich ihr in den Weg. Auch sie wurden mit diesem gefährlichen Blick bedacht, wichen zurück, Oma sprach immer noch kein Wort. Treppe rauf, Kinderstation, kein Arzt, kein niemand konnte sie aufhalten. Sie packte mich, hüllte mich in Decken und so fuhren wir dann nach Hause, Oma sprach immer noch kein einziges Wort. Ich kann mich daran natürlich nicht mehr erinnern, aber meine Seele wird es gespeichert haben. Du bist nicht allein, es wird jemand kommen, der dir hilft. Immer. Das ist das Muster meines Lebens. Jedenfalls zum Teil. Ich habe immer Menschen, die mir helfen. Und wenn ich welche suche, sind auch immer die richtigen da. So sieht man, dass auch Himbeerbonbons von Bedeutung sein können. Jedenfalls dann, wenn man eine Oma mit dunklen Augen hat und dem nötigen Hass in den Backen, was Kinderkrankenstationen (der damaligen Zeit) anbelangt. Danke Oma.

Mittwoch, 25. Januar

Heute die zweite Eibensaftchemo. Es hat soweit alles gut geklappt, halb acht saß ich im Chemosessel, halb drei war die letzte Flüssigkeit verfüllt, es ging mir körperlich gut, das langsame Verfüllen ist einfach besser für mich. Heute ein langes Gespräch mit der Ärztin, war auch gut, alles gut. Dann holte mich mein Vater ab, vormittags war eine Pflegekraft für Mutter da, damit er mich fahren konnte, nachmittags wollte er sie mitbringen, weil ein wenig Ablenkung tut auch ihr gut, sie lässt sich doch so gerne kutschieren (habe ich von ihr geerbt). Tja und zu Hause vor der Türe, wir alten Lüttchen wackelten grad alle Richtung Haustüre, vertritt Mutter sich und fällt in Zeitlupe um. Bumm. Da lag sie da und mein armer Vater geriet völlig in Panik, er sah sie schon auf der Intensivstation mit unzähligen Knochenbrüchen dahin vegetieren. Aber nun sitzt sie frohgemut auf dem Sofa und hat Dank Alzheimer den Vorfall schon vergessen. Nur der blaue Zeh, der verwirrt sie völlig, aber das kriegen wir auch noch hin.

Donnerstag, 26. Januar

Die Chemo hat durchschlagende Wirkung, aber hollalla, und das wiederum hat Wirkung auf meinen Kreislauf, hollahollala und darum liege ich heute mehr als ich aufrecht stehe, aber nun gut, das wird auch vorbei gehen. Ich will diese Zeit einfach nur durchstehen, das ist alles. Jetzt habe ich die 2. Chemo im 2. Block hinter mir, 7 folgen also noch. Durchstehen durchstehen durchstehen, das ist alles, was ich denke, durchstehen. Ich stehe das durch, das weiß ich, ich habe das Bergfest schon hinter mir, den restlichen Weg schaffe ich auch noch.

Freitag, 27. Januar

Schreiben rettet mich, Schreiben ist meine Leidenschaft, da kann ich mich auslassen, meine Gedanken und Gefühle in Geschichten bringen, es fließt oftmals nur so aus mir raus, als warteten die Worte da schon Tage und Jahre. Ohne Schreiben geht gar nicht. Darum habe ich mir im Internet einen Raum geschaffen für meine Worte, den RaumWort. Und dann kommt noch meine Liebe zu Krimis hinzu. Seit 2009 entsteht einer in meinem Kopf, der nur darauf wartet, auf Papier gebannt zu werden. Erst war es eine kleine Idee, dann wurden immer mehr Ideen draus und dann habe ich einfach mal angefangen. Viel Zeit blieb mir zwischen Beruf und zu Hause mit meinem kranken Mann nicht, aber es wurde doch langsam mehr. Dann musste ich pausieren, weil dann einfach alles in meinem Leben zusammen brach. Jetzt kann ich mich langsam wieder diesem Thema widmen, Mord und Totschlag und zwei Frauen, die damit umgehen können, ein prima Gedanke. Derzeit aber schreibe ich an "Die Tage es weißen Elefanten", das ist eine Geschichte darüber, was Alzheimer aus einer Familie macht, wie sie damit umgeht, wie sie die eigene Geschichte begreift und wie sie gezwungen wird loszulassen. Nämlich von der Vorstellung, dass alles immer so weiter geht. Nichts geht so weiter, das lerne ich auch grad, zweimal innerhalb eines Jahres krachte alles in sich zusammen, so ist das manchmal, oder vielleicht auch nicht, egal, es ist mein Leben. Jetzt arbeite ich erst mal den Wort-Stau in meinem Kopf ab, ich habe ja Zeit dazu. Entweder liege ich geplättet auf dem Sofa oder sitze am PC-Tischlein im Wohnzimmer meiner Eltern. Liege ich, entstehen die Worte, sitze ich, fließen sie. Gute Arbeitsteilung. Und JEDEN Abend schwinge ich auf dem Heimtrainer, wie mir der Arzt befohlen hat, Bewegung ist wichtig, egal wie es mir geht, ich zwinge mich auf das Gerät und es klappt ganz gut. Ich will gesund werden und ich tue was ich kann dafür.

Montag, 30. Januar

Ich sitze wieder im Wohnzimmer meiner bereits schlafen gegangenen Eltern am neu gekauften Computertischchen mit ebenfalls neu gekauftem Notebook und gebe mich Krebsgedanken hin. Habe Blogs von einigen ebenfalls krebskranken Frauen besucht und nun bin ich wieder bei mir. Meine Gedanken sind nicht verworren oder quälend oder so, nein, es geht mir ganz gut, ich war heute bei der Blutkontrolle, Werte wie sie Zitat "besser nicht sein könnten" und habe auch wieder eine halbe Stunde auf dem Heimtrainer gesportelt. Es ist also alles, zumindest in diesen Krebszeiten, in bester Ordnung. Heute lag ich auf dem Sofa und dachte, wie ist das eigentlich, wenn man Krebs hat. Ich müsste es ja wissen, aber ich war verblüfft, weil ich es nicht weiß. Ich bin nicht blöd, also ich meine, nicht völlig, aber doch habe ich das Gefühl, ich weiß es nicht. Ok, wenn ich in den Spiegel gucke und sehe, dass ich keine Haare habe, dann komme ich um dieses Wissen irgendwie nicht drum rum, aber das ist es nicht, was ich meine. Wie soll ich es sagen? Hm, schwer. Weil es so unbeschreiblich ist. Ich dachte ja immer, die Welt geht unter, also so muss sich das anfühlen. Guten Tag, sie haben Krebs. OH GOTT und schon ist man so gut wie tot. Aber all das stimmt nicht. Ich hatte früher (wie sich das anhört, früher!) immer Angst vor Krebs. Meine Ma hatte Brustkrebs und ich betete immer lieber Gott lass mich verschont sein... und dann hatte ich ihn und es war ganz anders, wie ich dachte, wie es wäre wenn es ist. Es ist so, irgendwie, also so: nun hast du ihn und nun lebe weiter. Ja und nun? Ich lebe weiter. Ja aber... nix aber, ich lebe und es geht mir gut und ich will endlich wieder Haare haben und wann ist diese Chemo endlich vorbei und wo ist die Sonne?! Ich spüre das Leben anders. Nicht besser, nicht schlechter, nicht erweitert oder so, was mir der Krebs alles gebracht hat blablabla, nein, einfach schlicht anders. Vorher war so, jetzt ist anders. Ich habe keine Angst mehr davor. Kann mir jetzt das beten sparen, der Druck ist weg. Ja, so fühlt es sich an, der Druck ist weg. So das waren meine vorläufigen Krebsgedanken. Stand 30. Januar Zweitausendzwölf 23 Uhr und eine Minute. Und dann, als ich so auf dem Sofa rumlag und krebsig dachte, schaute ich zu meiner alzheimerkranken Mutter, die neben mir auf dem Sessel saß, und wurde furchtbar traurig. Ihr Anblick war so krass, diese agile taffe Frau, die sie mal war, und nun sitzt da eine alte zusammengesunkene und völlig veränderte Frau, die mich oft nicht mal mehr erkennt. Auf einmal wurde mir klar, sie kommt nie wieder, die aktive Zeit mit ihr ist unwiederbringlich vorbei. Ich weiß gar nicht, wie ich das sagen soll, das war so brutal wie eine Keule, diese Erkenntnis. Vorbei. Ich werde auch älter, ich war auf einmal in so einem das-Leben-ist-endlich-es-ist-vorbei-Strudel und dann die Erkenntnis, es kann nicht besser werden mit ihr, wenn ich gesund werde, dann kann sie sich nicht mehr über meine Gesundung freuen, weil sie dann nicht mehr wissen wird, wer ich bin, wenn sie dann überhaupt noch lebt. So Gedanken. Endzeitgedanken. Schreckliche Gedanken. Ich habe meinen Mann verabschiedet, ich habe ihn begleitet durch seine schwere Erkrankung und nun sehe ich den letzten schweren Kampf, den meine Eltern mit und in ihrem gemeinsamen Leben auszufechten haben. Ich hätte jetzt gerne ein glühendes Schwert und ich würde jetzt unheimlich gerne rumsäbeln. So ist mir, gar nicht mehr krebsig sondern SÄBELIG!!!! Verdammt säbelig!!!!

Mittwoch, 1. Februar

Sie ist drin, Chemo Numero 3 von Durchgang 2, yeah, und ich spüre noch nix außer platt sein. Frau wird ja klug und so habe ich mir ein Tuppertöpflein gemacht mit

Bütterken (so sagt man da von wo ich wech komm) und Obst und das habe ich über die Stunden gemümmelt und jetzt muss ich noch Wasser trinken und dann lege ich mich, einfach nur legen, legen legen legen. Und wenn ich um drei in der Nacht aufstehe, iss mir egal, ich will gezz liegen. Von da wo ich wech komm fährt man auch Opel, ich hab einen Opel, nur kein Manta. Abba Manta fahn iss, wie wennze fliechs. Ellich. Wenn ich datt sach. Iss so. Liegen. Uns Rudi (Assauer) hat auch Alzheimer. Ich bin abba ne Zecke. Heißt: schwärme für Doatmund. Nich wegen dem Klopp. Schwärme schon seit .... rechnerechne.... 24 Jahren für Doatmund. Iss so. Musse duach. Nu abba liegen.

Freitag, 3. Februar

Diesmal habe ich die Chemo noch besser vertragen, ich bin richtig froh darüber. Ok, ich bin platt, ich schlafe wie ein Stein, aber holla, tagsüber und nachts, jedoch geht es mir körperlich gut. Und ich walke jeden Tag eine halbe Stunde auf dem Cross-Trainer meines Vaters. Irgendwie geht das alles gut, was mich natürlich erleichtert. So gut habe ich mich gar nicht zu trauen gehofft. Dieser Eibensaft scheint zu passen, ich muss allerdings dazu sagen, dass meine Heilpraktikerin mich mit allerlei Stöffchen versorgt hat, die auch die Gesellschaft für Biologische Krebsabwehr empfiehlt. Ich bin also gut vorbereitet und werde gut begleitet, mein Professor sagt, es ist egal, was hilft, Hauptsache dass es hilft. Und meine Ernährung hatte ich ja schon vor einem Jahr umgestellt, Montigniac oder wie das heißt. Das bekommt mir sehr gut. Meine Blutwerte sind gut, sie gehen nicht in den Keller, ich hoffe, das bleibt so. Ich stehe diese Zeit auch noch durch. Aber jetzt genieße ich erst mal das schöne Winterwetter hier im Wendland, kalt und strahlender Sonnenschein. Das liebe ich.

Sonntag, 5. Februar

Gestern kam ich in Kontakt mit meiner Wut, das war gut. Denn Wut tut gut. Ganz unvermittelt kam sie, die Wut, ich lag auf dem Sofa, schaute Sport, dachte so vor mich hin, döste und las dies und das und dann dachte ich an meinen Krebs, den man mir hinfort geschnitten hatte und auf einmal wäre ich ihm am liebsten hinterher gelaufen und hätte ihn in seinen Krebsarsch getreten, was diesem Miststück einfällt, sich einfach bei mir anzusiedeln!! War genauso schnell vorbei, wie es gekommen ist. Tat aber gut. Jippijajeeeeee!! Schweinebacke!!

Mittwoch, 8. Februar

Gestern hatten wir Schminkkurs, veranstaltet von der Brustschwester der Altmark-Klinik in Kooperation mit einer Parfümerie (eine tolle Tasche mit tollen Produkten kriegten wir gespendet) und der DGKS (Deutsche Knochenmarkspenderdatei) und ich schminke mich ja seit geschlagenen 52 Jahren nicht, und ich dachte, naja... aber es war ein TOLLER Kurs, wirklich, viele Frauen mit den unterschiedlichsten Chemogründen, wir konnten uns austauschen und einige hatten noch Haare, einige nicht und dann kriegten wir gezeigt, wie man Turbane binden kann und mit Accessoires aufpeppen, war so was von nett, echt, ich habe mich mal wieder sehr wohl gefühlt dort. Die sind einfach gut da, schon meine Mutter war damals echt begeistert, von dem Schminkkurs hat sie noch lange erzählt, so gut hatte er ihr gefallen. Nun, ich hätte auf die Teilnahme dann gerne verzichtet, so nach dem Motto, „ein Schnupfen hätte auch gereicht“, aber da es nun mal so ist, wie es ist, ist es so und der Schminkkurs war krass gut!! Und was soll ich sagen, ich schminke mich jetzt, also manchmal. Denn ich habe gelernt, wie man Augen richtig schminkt, das sieht ja so was von toll aus!! Mit grün und Kajal und all so was, einfach nur schön!! Und dann habe ich Puder benutzt, also wo man das Gesicht so färbt, boah habe ich gelacht, denn ich habe, was man so nicht sieht, offensichtlich großporige Haut und ich sah aus, als hätte man eine Elefantenhaut geschminkt!! Echt!! Einfach nur schrecklich und wir haben lachen müssen, also Puder kommt nicht gut. Dann eben mal tönende Gesichtscreme ausprobiert, nun, fühlte sich an wie Spachtelmasse, ist auch nicht meins, dann eben mal MakeUp, naja, geht so. Aber Augen, Augen ist klasse. Und Lippenstift geht gar nicht. Das fühlt sich an wie Buttercremetorte, wenn es denn wenigstens so schmecken würde. Nene, das bleibt auch weg. Den Kram habe ich gleich verschenkt, damit kann ich nix anfangen. Aber Augen, Augen ist voll gut!! Vollsuperkrassgut! Ach ja, hatte heute Chemo. War wie immer, ohne große Vorkommnisse.

Dienstag, 14. Februar

Letztes Jahr war ich mit meiner Nichte bei der Nacht der Industriekultur, das war so klasse!! Und ich sehne mich danach, wieder auf solche Events zu gehen, Normalität zu leben, wieder ganz normal auszusehen, nicht aufzufallen, normal normal normal ich sehne mich nach Normalität, ich sehne mich so furchtbar nach einem normalen Leben. Wie sieht das eigentlich mit der Bestrahlung aus? Und außerdem wachsen mir wieder die Haare, kann das sein? Ich bin doch mitten in der Chemo. Oder haben die sich gedacht, die Haare, die noch Stoppeln sind, wir bringen mal ein wenig Normalität... wäre ihnen gelungen. Am 30. Juni ist wieder ExtraSchicht, ob ich dabei bin?

Donnerstag, 1. März

Mittlerweile hatte ich auch Geburtstag und bin schon wieder ein Jährchen älter geworden und dann ging mein neuer Computer kaputt und dann stand ich da, mitten im Nirgendwo ohne Netz und doppelten Boden sozusagen und wenigstens eMails konnte ich mit meinem Blackberry empfangen, eingeschränkt auch senden, und dann wurde der Computer eingeschickt und kam defekt zurück und nun ist er wieder auf Reparatur und jetzt habe ich ein Ersatzgerät und kann wieder im Netzleben mitmachen, mit einem HB-Wert von knapp über 5, das ist der Eisenwert im Blut oder wie sich das nennt und darum gehe ich Montag ins Krankenhaus und bekomme eine Bluttransfusion und dann bin ich wieder fit und was ist sonst noch? Nur noch zwei Chemos!! Das ist!!

Freitag, 2. März

Habe ein Foto von mir gefunden, lange ist es her, da kannte ich meinen Mann noch nicht, da war ich noch reichlich jung. Da habe ich noch nicht an Krebs gedacht und daran, einmal Witwe zu sein. Da habe ich noch in der IT gearbeitet und Computer geliebt. Jedenfalls die Arbeit mit ihnen. Da habe ich noch friedlich mit meiner Tante und meiner Großmutter zusammen gelebt und nebenan die Eltern. Da war die Welt noch in Ordnung, jedenfalls dachte ich das. Ich krame mich in die Vergangenheit vor, habe die vielen Kisten und Kartons mit hunderten, ach was, tausenden, gefühlten HUNDERTTAUSENDEN von Fotos vom Speicher geholt und scanne sie ein. Ich scanne mich durch mein Leben. Es kommt unglaublich viel hoch dabei, und manchmal kann ich es gar nicht glauben, was ich alles erlebt habe. Wo bin ich eigentlich jetzt? Also ich meine, wo stehe ich? War ich mir gestern sicher, so bin ich es heute nicht. Mal so, mal so. Die drei Monate hier bei meinen Eltern, die waren krass gut, echt, die waren einfach nur gut, ok, sie sind es noch, aber ich fange langsam an, den Abflug zu planen. Montag fahre ich erst mal für zwei Tage in die Klinik und lasse mir Blutplasma verpassen. Danach Chemo Numero 8, eine Woche später Numero 9 und dann ist es aus und dann nach Haus, d.h. anderthalb Wochen lasse ich das Gift noch ausschleichen, dann fahre ich. Es hat sich so viel getan, das war wie eine Dreimonatspsychointensivkurnachkrebs, ich weiß gar nicht, wie ich es sagen soll. Ich habe meine Kindheit nochmal im Schnelldurchgang erfühlt, ich kam mir oft vor wie in den Gruppentherapiesitzungen in der Klinik im letzten Jahr nach meinem Zusammenbruch. Familienaufstellung nach... wie auch immer er heißt, nur ich hatte sie live jeden Tag. Ich bin dankbar dafür, ich habe das erste Mal in meinem Leben laut sagen können, wie ich NICHT leben will. War das ein Schritt!! Ich scanne mich weiter durch mein Leben, wie viel Fotos kann so ein Scanner eigentlich packen, bevor er verglüht?

Mittwoch, 7. März

So, da war ich dann mal wieder im Krankenhaus, wie nett, erst habe ich Jahrzehnte damit nix zu tun und nun wird das normal, naja, es hat mir geholfen, es hat mir krass geholfen, fühle mich wie ein neuer Mensch, ehrlich. Ich werde jetzt wieder morgens mit den Vögeln wach, das ist ein tolles Gefühl. Heute dann Chemo Numero 8, die Vorletzte, und der leitende Oberarzt war da und hat mir alles aufgedröselt und wir haben lange miteinander gesprochen und untersucht hat er mich und die Blutwerte waren klasse. Transfusion hat also geholfen, wie beruhigend. Ich war im Altmark-Klinikum in Salzwedel, da kriege ich doch auch das Gift verklappt, also ich kann nur sagen, ich bin froh, dass ich mich dafür entschieden habe, die Chemo hier durchzuziehen, meine Mutter war ja schon so begeistert damals, die Schwestern konnten sich direkt an sie erinnern, als sie hörten, wie mein Geburtsname ist. Krass, oder? Die sind so nett da, ehrlich, so richtig nett. Ein Tacken herzlicher als in Düsseldorf, die sind auch nett, aber hier in Salzwedel sind sie so herzlich. Auch auf der Station jetzt. Vielleicht hat der Osten ja das Herzlich-Gen, wer weiß es, es gefällt mir jedenfalls ausgesprochen gut, wenn man schon Gift bekommen muss, dann da!! Meine Zimmernachbarin hat ihre OP auch gut überstanden, die habe ich heute besucht und sie sah schon wieder richtig gut aus und konnte lachen. Einmal noch, ein einziges mal noch, dann ist es durch!! YEAH!! Und mein Computer ist auch wieder da, USB-Board war kaputt.

Samstag, 10. März

Ich scanne mich weiter durch mein Leben. Bilder vom Orient, wo meine geliebte Schwester lebt, in ihrer ersten winzig kleinen Wohnung. Sie hatte dort ein Wohnzimmer ohne Fenster, im Orient braucht man keine Fenster, jedenfalls nicht da, wo wir Fenster haben, erstens kommt dann die unglaubliche Hitze herein, was gar nicht gut ist, zweitens wollen die Frauen von draußen nicht gesehen werden, also besser keine Fenster. Dafür aber hohe Decken, wegen der Hitze, die ist dann oben. Aber unten ist sie auch. Und oben dann haben einige Wohnungen, so sie unterm Dach sind, Fenster. Und durch die kommt ein schönes Licht herein, denn Licht von oben ergibt eine wunderbare Stimmung. Ich war so gerne dort, die Wohnung war winzig, aber sie war so schön. Wir saßen so gerne dort in dem Wohnzimmer und haben uns unterhalten, Tee getrunken und über unser Leben nachgedacht. Ach war das schön. Wie lange das her ist? Hm, rechnerechne... 15 bis 18 Jahre. Ungefähr. Die Wohnung gibt es nicht mehr, meine Schwester wohnt nun in einem riesigen Palast, jedenfalls für unsere Verhältnisse, denn wo sie wohnt gibt es Platz satt, und alle Zimmer haben Fenster, man kann trotzdem nicht reingucken, weil um das Grundstück eine hohe Mauer ist. Ich war schon viel zu lange nicht mehr dort. Aber bald!! Bald fängt mein neues Leben zu Hause an. Erst mal aber muss ich Abschied nehmen. Mittwoch ist der letzte Gifttermin, ich hoffe, ich brauche das Zeug niemals mehr wieder!! Niemals!! Doch ich will den Abschied bewusst erleben, ich will so vieles bewusst erleben. Und ich will wieder nach Hause, die Zeit hier im Wendland ist um, ich spüre es deutlich, sie geht ihrem Ende entgegen. Und bald fliege ich in den Orient. Yeah!!

Sonntag, 11. März

Der Scanner glüht und ich glühe auch, ich finde Fotos und mache mir Gedanken und dann kommen Gefühle und ist es vorstellbar, dass ich sage: das Leben ist schön? JA!

Es ist schön!! Ein Foto meiner Eltern, in den frühen 1960er Jahren, in Italien, wo sonst, damals fuhr man nach Italien. Was hatten sie für Träume? Es war die Zeit des Wirtschaftswunders, man konnte sich immer mehr an materiellen Wünschen erfüllen. Auto, Urlaub, die Löhne stiegen und es war Arbeit genug da. Ich habe die Zeit für mich selber als schön in Erinnerung, wir Kinder hatten alles, was wir uns wünschten, allem voran Legosteine. Ich liebte diese bunten Plastikteilchen über alles. Ich überlege, hat der Krebs was verändert in mir? Mit Sicherheit. Aber eins hat er nicht verändert, meine Liebe zum Leben, meine oft unbändige Freude auf den Tag. Die berühmte Resilienz, bei WiKi steht das so: „(von lateinisch resilire ‚zurückspringen', ‚abprallen', deutsch etwa Widerstandsfähigkeit) beschreibt die Toleranz eines Systems gegenüber Störungen. Systeme müssen von innen oder außen kommende Störungen ihres Zustandes ausgleichen oder unter Aufrechterhaltung ihrer Systemintegrität ertragen. Ein anschauliches Beispiel für Resilienz im engeren Sinn ist die Fähigkeit von Stehaufmännchen, sich aus jeder beliebigen Lage wieder aufzurichten." So war ich schon immer und so werde ich bleiben und das hat mich der Krebs spüren lassen, denn ich wusste es nicht. Oder habe es nicht so wahrgenommen: ich stehe immer wieder auf. Und ich liebe das Leben. Jippijajeeeeee!! Schweinebacke!!

Montag, 12 März

Heute wieder Blutkontrolle in der Klinik, Werte sind optimal, wie schön!! Wie wunderwunderschön!! Der letzten Chemo steht also nichts im Wege und so werde ich am Mittwoch Numero 9 des Eibensaftes einverleibt bekommen. Wie es mir damit geht? Nun, gut geht es mir damit!! Hab grad mit meiner Schwester im Orient gechattet und meinte zu ihr, die drei Monate bei den Eltern waren wie eine zweite Pubertät, sozusagen eine Krebsität, meine Psychoonkologin wird genug zu tun bekommen, ich freu mich auch darauf, wirklich, weil ich bestimmte Dinge einfach geklärt haben will. Ein für alle male geklärt. Naja, zunächst kommt ja mal die

Strahlung. Sechs Wochen jeden Tag Strahlung. Ich weiß noch gar nicht, wie ich dazu empfinde. Und jetzt koche ich.

Mittwoch, 14. März 2012

Es ist vollbracht, die letzte Chemo ist verklappt!! Vorbei. Und weiter!

Donnerstag, 15. März

Ich war im Internet auf einer Krebsseite einer ebenfalls von Brustkrebs betroffenen Frau und habe dort ihre Gedanken über das Sterben gelesen, die wir teilen, denn auch ich wollte schon als Kind immer wissen, was passiert mit mir. Und darum ist im Schlaf sterben für mich eine nicht so schöne Vorstellung, da liegt man da und träumt und dann ist man tot und kriegt es nicht mit. Nenene, so nicht. Warum ich mir als Kind solche Gedanken machte? Das lag an den mich umgebenden älteren Menschen, ich bin nämlich bei meinen Großeltern aufgewachsen und da starb ja ständig jemand und dann war das ein großes Thema, der Otto ist tot, Gott wie schrecklich ist er gestorben, nein also das möchte ich nicht, am besten ist doch im Schlaf... und da habe ich dann drüber nachgedacht und befunden, ich finde es nicht am besten. Ich finde es am schrecklichsten. Es ist gut, wenn man zusammen mit alten Menschen aufwächst, weil man dann mit Themen konfrontiert wird, die zum Leben dazugehören, aber leider immer öfter ausgeblendet werden. Krankheit und Sterben war etwas, was ich mir täglich angehört habe, was ich aber nicht schlimm fand, ich hörte einfach den Erwachsenen zu und für mich was das ein Teil des Lebens, wenn die so oft darüber reden, dann muss es so sein. Ich saß im Wohnzimmer auf dem Boden, mit meinen geliebten Legosteinen, und hörte dem Gespräch meiner Großeltern mit ihrem Besuch zu und wenn ich merkte, es könnte ein Thema kommen, wo sie mich dann ganz bestimmt rausschicken würden, räumte ich geschickt die Legosteine fort, tat so, als würde ich in den Garten gehen und hockte mich heimlich zwischen die Sessel unter den Nierentisch und war mucksmäuschenstill und irgendwann vergaßen sie mich und dann erfuhr ich eben auch so ziemlich genau, wie der Otto denn gestorben ist. Da ich nicht alles verstand und meine Neugierde aber gestillt werden wollte, fragte ich Oma abends im Bett (Oma und ich teilten uns viele Jahre ein Bett), was denn Lungenkrebs ist und wieso der Otto keine Luft mehr bekam... und Oma wurde furchtbar wütend, weil ich wieder heimlich gelauscht hatte, aber ich ließ nicht locker, ich wollte es wissen. Oma hat es mir notdürftig erklärt, ich glaube nicht aus pädagogischen Erwägungen, damit hatte sie nicht viel zu tun, sondern weil sie meine Fragerei nervte und ich endlich Ruhe geben sollte. So war das Sterben für mich ein Thema, was einfach dazu gehörte, komischerweise machten die Erwachsenen darum ein Brimborium. Jedoch nicht meine Tante Ingelore, die auch mit uns zusammen wohnte, wahrscheinlich, weil sie schon als Kind mit dem Thema konfrontiert wurde, denn man sagte damals, dass sie ihre Krankheit nicht überleben werde. Sie hat sie überlebt, sie hat mehrfach überlebt, und sie redete darüber genauso wie über das Wetter, auch mit mir, was ich als sehr angenehm empfand. Ich habe, fällt mir grad ein, als Kind, da war ich noch nicht in der Schule, auch eine eigentlich tödlich verlaufende Infektionskrankheit überlebt. Ich hatte Wundstarrkrampf, im fortgeschrittenen Stadium, konnte schon kaum noch atmen und wenn unser Dorfarzt nicht das Pferdeserum dabei gehabt hätte, dann hätte ich es nicht überlebt. Es stand eh auf der Kippe. Vielleicht ist das Thema deshalb für mich nicht mit so viel schweren Gedanken belastet. Ich weiß es nicht. Ist auch egal, ist eben so und heute las ich halt auf dieser Internetseite über Sterben und da kamen dann all diese Gedanken. Und ich dachte auch an die vielen Gespräche mit meiner Tante, die ich alles fragen konnte und die mir nicht auswich. Nein, ich will wieder gesund werden, und vielleicht werde ich es ja auch, das ist es also nicht, warum ich da jetzt drüber nachdenke. Ich denke aber, es ist ein wichtiges Thema, unabhängig von Krankheit und Gesundheit, und ab und an lese ich doch über Worte, die Jesus gesagt haben soll, der für mich übrigens, wie für die Moslems, ein Prophet ist und den ganzen Kladderadatsch mit Gottes Sohn und Dreifaltigkeit und was den Katholen da noch alles als Dogma (wenn ich schon

Dogma höre!) eingefallen ist (allen voran die unbefleckte Empfängnis, dicht gefolgt von der jungfräulichen Geburt - ich meine jetzt ausschließlich die katholische Interpretation dieser Begriffe), glaube ich sowieso nicht (empfehle "Nein und Amen" von Uta Ranke-Heinemann, köstlich!!). Aber seine Worte beeindrucken mich schon und da soll er gesagt haben: lehre uns bedenken, dass wir sterben müssen, auf dass wir klug werden. Da habe ich schon lange drüber nachgedacht und seit meiner Erkrankung ist dieses Thema konkret geworden, nein, nicht konkret, fassbarer, oder ist das auch das falsche Wort? Es hat mich erinnert. Vielleicht so. Woran erinnert? Dass wir nicht ewig auf dieser Welt sind und dass eine wichtige Frage ist, was wollen wir? Was ist uns wichtig? Wo wollen wir hin? Was zählt wirklich? Beim rumsurfen und Links verfolgen fand ich heute dann noch was nettes auf dem Blog einer anderen Frau: Eine Frau lag im Koma. Plötzlich hatte sie das Gefühl, sie käme in den Himmel und stände vor dem Richterstuhl. "Wer bist du?" fragte eine Stimme. "Ich bin die Frau des Bürgermeisters", erwiderte sie. "Ich habe Dich nicht gefragt, wessen Ehefrau du bist, sondern wer du bist." "Ich bin die Mutter von vier Kindern." "Ich habe Dich nicht gefragt, wessen Mutter du bist, sondern wer du bist." "Ich bin Lehrerin." "Ich habe Dich nicht nach deinem Beruf gefragt, sondern wer du bist." Und so ging es weiter. Alles, was sie erwiderte, schien keine befriedigende Antwort auf die Frage zu sein: "Wer bist du?" "Ich bin eine Christin." "Ich fragte nicht, welcher Religion du angehörst, sondern wer du bist." "Ich bin die, die jeden Tag in die Kirche ging und immer den Armen und Hilfsbedürftigen half." "Ich fragte nicht, was du tatest, sondern wer du bist." Offensichtlich bestand die Frau die Prüfung nicht, denn sie wurde zurück auf die Erde geschickt. Als sie wieder gesund war, beschloss sie, herauszufinden, wer sie war. Und darin lag der ganze Unterschied! Lauter so Gedanken hatte ich heute und es waren keine schlechten Gedanken. Wer bin ich? Jau, was sage ich denn dann? Was ist mir wirklich wichtig? Wo will ich hin? Die Frau des Bürgermeisters bin ich jedenfalls nicht!

Im September 2010 starb mein Mann, bei Aldi auf dem Parkplatz brach er zusammen und auf dem Weg ins Krankenhaus hat er das Bewusstsein verloren und in die

Notfallambulanz durfte ich nicht, ich hörte nur diese schrecklichen Fiepgeräusche des Defibrillators und das Geschrei der Ärzte, als sie offensichtlich merkten, sie verlieren ihn. Irgendwie kriegten sie ihn notdürftig stabilisiert, doch er starb dann sehr kurze Zeit später auf der Intensivstation, wo ich auch nicht dabei sein durfte. So starb er ohne mich. Das tut mir heute noch leid, dass er so einen gewaltsamen Tod erleiden musste und ich ihn nicht begleiten konnte. Was ist das Oberthema von all meinen Gedanken? Ich dachte an Abschied. Abschiede, diese vielen Abschiede, die man schon durchlebt, wenn man geboren wird, da verabschiedet man sich nämlich von der schönen beschützenden Gebärmutter. Schon geht es los. Lauter Abschiede. Darüber sprach ich heute mit meiner Freundin, dass so ein Ende einer Chemo auch ein Abschied ist, und dass das nicht immer leicht ist. Sie kannte es, denn als sie ihre letzte Chemo hinter sich hatte, ging sie heulend aus der Praxis. Dabei ist Chemo nicht etwas, was man vermissen müsste, nun wirklich nicht, aber es ist doch offensichtlich auch ein Abschied, der irgendwie gelebt werden will. Mir war heute auch komisch, so nach dem letzten Mal. Der Abschied war nett, ich war heute im Chemosaal mit einem Mann alleine, wir unterhielten uns darüber und die nette Schwester Thekla kam dann auch und wir verabschiedeten uns. Klar, ich bin Montag noch mal zur Blutkontrolle da, aber heute war eben der Tag des Chemoabschiedes. Ich hatte ein kleines Geschenk mitgebracht, mir war das wichtig, die waren dort so nett zu mir und außerdem macht man das doch so, ein Abschiedsgeschenk überreichen. Man verabschiedet sich mit einem Geschenk. Und dann wurde es mir schwer ums Herz. Jetzt ist die Zeit des bekümmert-werdens durch diese netten Menschen vorbei. Halleluja, was für Gedanken heute durch meinen Kopf gingen!! Mir ging es heute nicht ganz so gut nach der Chemo, ich war erschöpfter als sonst, sonst bin ich eigentlich immer richtig gut drauf gewesen. Vielleicht waren das die vielen Abschiedsgedanken. Ich lag ganz früh im Bett, ich hatte fürchterlichen Dünnsch... und ich war einfach nur kaputt. Lag da mit meinem kleinen Hund, der sich an mich kuschelte und mir das schwere Denken erleichterte, denn so eine kleine Hundeseele so dicht bei mir beruhigt mich immer. Dann schlief ich ein. Und wurde um Mitternacht wach und döste eine Stunde vor mich hin. Die letzte Chemo liegt also hinter mir und ich hoffe, es war die allerletzte. Ich hoffe, es war ein Abschied für immer.

Samstag, 17. März

Im Büro meiner besten Freundin hing mal ein Spruch, über den wir so oft gelacht haben und den ich gerade heute so treffend finde: „Und aus dem Chaos sprach eine Stimme: Lächle und sei froh, es könnte schlimmer kommen. Und ich lächelte und war froh - und es kam schlimmer...", denn Mutter hat sich das Nasenbein gebrochen, sie sieht aus, als habe sie KlitschK.O. vermöbelt, dabei ist sie "nur" gefallen, und zwar ungebremst mit der Nase auf den Boden. Steinfußboden, logisch, was sonst. Mit dem Notarzt ins Krankenhaus, wir hinterher, als hätten wir nicht schon genug zu tragen. Nun tragen wir auch das. Aber ich merke, meine Grenze ist erreicht, ich muss nach Hause, meine Wendlandzeit geht vorüber. Ich weiß, wie mein Vater sich fühlt, weil ich auch getragen habe, die Krankheit meines Mannes, immer da sein, nicht ausfallen, nicht aufgeben, wie in einem Hamsterrad. Ich weiß, wie es ihm geht. Und er muss nun auch operiert werden, Kreuzbandriss und Meniskusanriss, meine Nichte kommt, die Enkeltochter, die in London fertig ist mit ihrem Studium. Sie trägt jetzt etwas. Ich trage mich nach Hause, weil ich hier nichts weiter mehr tragen kann. Es reicht.

Sonntag, 18. März

Habe in der Fotokramkiste ein älteres Foto von mir gefunden, fast 20 Jahre alt, aufgenommen in unserem jetzigen WG-Wohnzimmer, damals war es meine Wohnküche, ich wohnte mit meiner Tante zusammen, und oben in der Wohnung, die jetzt meine ist, wohnte meine Großmutter, die Mutter meiner Mutter. Ich glaube, in dem Haus waren alle Zimmer schon mal alles, aber das ist ein ganz anderes Thema.

Hier jedenfalls war es meine Wohnküche. Mit Balkon. Es war schön. Nebenan in dem Haus wohnten meine Eltern. Es war schön. Wir verstanden uns alle gut und ich fühlte mich glücklich. Heute weiß ich, dass ich funktionierte, oder sagen wir, hauptsächlich funktionierte. Meine Schwester meinte eben, auf dem Foto sehe ich gehetzt aus und ja, das war ich. Meine Hochzeit hat das alles ans Tageslicht gebracht, denn durch die massive Ablehnung meines Mannes kam das heraus, was all die Jahre verborgen war. Ich werde so nie wieder werden, das weiß ich, das hat jetzt nix mit Krebs und was weiß ich zu tun, klar hat es auch damit zu tun, aber es geht um den Weg, den ich gegangen bin seither. Ich werde so nie wieder sein. Ich bin es schon nicht mehr. Krebs gehört zu meinem Lebensweg dazu. Funktionieren gehörte auch dazu. Gehetzt sein auch. Und viele schöne Dinge gehörten dazu. Ich bin die Summe all dessen, was ich erlebt und gelebt habe. Buchempfehlung für Frauen: Julia Onken "Eigentlich ist alles schief gelaufen - Mein Weg zum Glück" habe ich heute zu Ende gelesen. Habe mich wiedergefunden. Gehetzt und ungehetzt. Freue mich auf mein neues Leben, wohin es mich auch bringt.

Dienstag, 20. März

Gestern war ich ein letztes Mal zur Blutkontrolle und stand eine Weile nachdenklich vor der Eingangstüre der Tagesklinik im Altmark-Klinikum in Salzwedel, die seit Dezember letzten Jahres meine Anlaufstelle für meine Giftverklappung war. Ich könnte mich heute noch beglückwünschen für den Entschluss, die Chemo hier durchzuziehen, es war einfach nur gut. Ruhig, besonnen, ohne Massenstress wie in Düsseldorf (was nicht heißt, dass die Schwestern nicht genug zu tun hatten, oh nein, aber für uns Patienten war es einfach eine ruhige Zeit), ich fühlte mich gut aufgehoben und umsorgt. Und ich bin überzeugt, darum ging es mir auch so gut während dieser Zeit. Die Psyche hat schließlich auch was zu sagen. Ich musste in den 1. Stock und bin durch das Treppenhaus gegangen, den Aufzug habe ich nicht genommen, ich habe quasi jede Stufe bewusst betreten. Den zweiten Chemozyklus mit dem Eibensaft bekam ich ja wöchentlich. Jeden Mittwoch, das war hinterher so eine richtige Gewohnheit, dieser Gang durch das Treppenhaus. Und dann war es auf einmal um. Dann hatte ich die letzte Blutkontrolle hinter mir, zur Stärkung der Schwestern hatte ich noch jede Menge Berliner Ballen mitgebracht, wir verabschiedeten uns, die Blutwerte waren gut und dann war ich damit fertig. Ein seltsames Gefühl. Am 19.03. um 12 Uhr 35 bin ich davongedüst. Noch ein Abschied, lauter Abschiede begleiten mich, diesmal aber ein guter Abschied und hoffentlich ein endgültiger, das wünsche ich mir. Ich habe versucht, das so bewusst wie nur möglich zu begehen, damit auch in mir drin alles Abschied nehmen kann. Und damit ich nach Hause kann, zurück ins Rheinland. Dann ist mir gestern noch mal so richtig klar geworden, welches Glück ich habe, dass meine Operateurin eine wirkliche Künstlerin an der „Lanzette der Ärzte“ ist, das bedeutet nämlich Skalpell, mir war das bisher wirklich nicht so bewusst. Meine "neue" Brust sieht echt schöner aus als die "alte", mit Narbe, aber das macht mir zum Glück nichts. Warum? Weiß ich nicht, ist aber so. Vielleicht kriege ich das ja auch noch raus oder ich nehm’s einfach hin, dass ich so bin. Schon als Kind fand ich Narben klasse, wie Auszeichnungen, die ich stolz herumzeigte. Nun werde ich das bei dieser Narbe nicht tun, aber so vom Gefühl macht es mir in der Tat nichts. Halt eine Narbe. Die zweite, die mich ziert, auf dem Bauch habe ich auch eine 30 cm lange Narbe, die aber fast verblasst ist. Da hat meine Operateurin auch dran mitgewirkt, in einer anderen Zeit und einem anderen Krankenhaus. Ziemlich dramatisch aber es ist gut gegangen und sie haben mich heile gemacht. Dass sie nochmal an mir rumschneiden würde hätte ich im Leben nicht gedacht. Aber so kann es kommen und ich wünsche mir, sie hat mich auch heile gemacht. Heil werden, ja, ich möchte heil werden. Meine Narbe wird mich immer an die unheile Zeit erinnern, aber das Ergebnis, das ist schön. Ich zeig’s trotzdem nicht!

Donnerstag, 22. März

Heute wäre mein Mann 70 geworden, ich kann nicht an sein Grab, aber meine Freundin ist da, es ist schön, wenn man Freunde hat. Freunde sind so wichtig im Leben. Das ist mir durch meine Erkrankung so klar geworden, nicht dass ich keine Freunde habe, aber dass sie mehr zählen als sonst welcher Besitz, denn ohne den ganzen materiellen Mist kann man leben, ohne Freunde aber nicht. Doch das ist ein anderes Thema. Heute ist das Thema, tja, was? Ich sage mal, das Leben. Ich wollte meinem Mann in dem Jahr als er starb zu Weihnachten einen Flug mit der alten Tante Ju schenken. Er liebte dieses Flugzeug so und konnte mir fast alles dazu erzählen. Sie fliegt ja regelmäßig über Düsseldorf, wir hören dann ein tiefes Brummen und wissen, da ist sie wieder, die Junkers 52. Und dann habe ich mir, kurz nachdem der Krebs entdeckt wurde, einfach ein Ticket gekauft und bin geflogen, der Krebs war noch in mir, die OP stand ja noch bevor. Im Anfang liegt das Ende, so heißt es, und ich habe den Anfang der Erkrankung ja mit viel Ruhe und Umsicht begonnen und mir ging es damals schon nicht schlecht. Ich kann das nicht so gut beschreiben, es war so, dass ich mir keine Sorgen machte, nicht weil ich meine, ich müsse das nicht, sondern weil ich einfach dachte, das ist jetzt dein Weg und den wirst du gehen und Punkt. Es hat keinen Sinn zu paniken, Angst zu haben, irgendwelche Chancen auszurechnen, dies und das zu bedenken, du gehst jetzt diesen Weg und fertig. Das stand also fest, den Weg gehe ich, es war auch nicht so, dass ich den Tumor jetzt sofort und direkt und am besten noch in der Nacht los werden wollte. Er war da, er war ein Teil von mir, ich wusste, bis zur OP trage ich ihn noch mit mir herum und das ist nun so. Wenn er schon da ist, kann ich auch freundlich zu ihm sein. So flogen der Tumor und ich also mit der alten Tante Ju über Deutschland herum und einerseits hat es mir so was von gut gefallen, das ist ja wirkliches fliegen, mit so alten Geräten, wo die Piloten noch echt ackern müssen, an Kurbeln drehen und so was alles, nix Schalterchen drücken, andererseits konnte ich oft die Tränen nicht zurückhalten, weil es doch das Geschenk für meinen Mann war. Er fehlt mir so. Heute morgen brachte ich meine Mutter zu ihrer Frauenärztin, Kontrolltermin, wir sprachen natürlich auch über mich, klar,

Mutter hat den Port nun weg und dafür habe ich so ein Ding jetzt in mir. Und wir sprachen über meine Entscheidung, für die Chemo ins Wendland zu kommen und diese in Salzwedel machen zu lassen. Das war wohl wirklich goldrichtig, denn die Ärztin war die erste, die offen sagte, in den überlasteten Krankenhäusern der Ballungsgebiete wird die Chemo viel zu schnell verabreicht und das tut dem Körper absolut nicht gut. Ich fühlte mich noch einmal mehr bestätigt darin, hierher gekommen zu sein. Und dann fiel mir ein, dass die Zeit jetzt zu Ende geht, dass ich Sonntag nach Hause fahre und dass ich meine Mutter zurück lasse. Das fällt mir sehr schwer. Sie kann täglich weniger, wird täglich weniger und sehr oft erkennt sie mich nicht mehr. Ich erinnere sie dann und dann weiß sie es wieder. Meist verwechselt sie mich mit meiner Schwester. Ich merke es an ihren Fragen, sie will dann z.B. wissen, ob mein Sohn schon laufen kann. Dieser Sohn ist nun schon 12 und meine Schwester wünschte, er würde diese Fähigkeit, laufen zu können, etwas mehr einsetzen, denn er sitzt zu oft vor dem Computer, aber das ist ein anderes Thema. Ich muss Mutter zurück lassen. Meine Mutter, die mir so oft das Leben so schwer gemacht hat. Aber auch das ist ein anderes Thema und liegt in einer längst vergangenen Zeit und hat heute keine Bedeutung mehr. Es ist vorbei. Ich habe 1000 Gedanken und 1000 Gefühle in mir und alles wirbelt durcheinander. Was hat das mit dem Krebs zu tun? Nichts. Alles. Das Leben ist alles. Alles auf einmal. Alles zu seiner Zeit. Abschiede. Lauter Abschiede. Herzlichen Glückwunsch Liebster. Du fehlst mir so.

Mittwoch, 28. März

Kaum in meinem geliebten zu Hause angekommen, saß die WG vereint in der Küche bei Pizza, es war ein netter Abend, es wurde viel erzählt und gelacht, ich ging zufrieden und glücklich, wieder zu Hause zu sein, ins Bett, die Fahrt hatte super gut geklappt, der kleine Hund lag bei mir... wurde es ein Uhr in der Nacht und ich saß auf dem Klo bzw. stand gebeugt davor, wahlweise. Bis Dienstag. Ich konnte kaum meinen Namen buchstabieren geschweige denn mehr als 6 Schritte (zum Klo) laufen, der Hund bei der Freundin untergebracht, die mir Cola und Salzstangen brachte und mich überredete, beim Doc anzurufen. Der sagte nur was von überall derzeit und so bekam ich Medikamente und es wurde langsam besser. Dienstag Nachmittag öffnete ich wieder die Augen ohne Brechreiz und wunderte mich, wo der Montag geblieben war... Wenigstens habe ich wieder schnelles Internet. Aber so richtig schnell!

Donnerstag, 29. März

Kaum konnte ich wieder gerade laufen, ging es mir wieder besser, wollte ich im Keller die Wäsche machen, ging also die Treppe runter und was hörte ich? Plitsch platsch hörte ich. Licht an. Der Boden nass. Herrjemine, was ist denn nun passiert? Panik. Ich sah schon Rohre in der Wand geborsten.... sah mich schon Putzstellen suchen... erwägte kurz das Haus mit einem Defekt zu verkaufen... Und rief dann doch den Installateur an, der flugs kam und mich beruhigte, ist nur eine gebrochene Schelle vom Abflussrohr im Kamin (bei der Renovierung vor 20 Jahren wurden Rohre und Leitungen durch die frei gewordenen Kamine verlegt). Außerdem zahlt die Hausversicherung. Habe ich also ganz umsonst Panik geschoben. Und das Wetter war himmlisch. Ich habe nach dem ganzen Gedöne dann draußen gesessen und einfach die Sonne genossen. Montag habe ich meinen ersten Arzttermin nach dem Wendland, bei meinen Professor, dann geht es weiter auf dem Weg. Step by step.

Montag, 2. April

Ich denke an vorletzte Woche, als ich nach Hause kam. Wie ich langsam die Straße hinunter fuhr, zu meinem Haus. Auf meiner Straße. Da bin ich aufgewachsen, gefühlte 100 Jahre zuvor, dort lebe ich heute immer noch, nicht mehr mit Großfamilie, wie damals, sondern in einer rudimentären WG. Meint: zwei Leutchen.

Aber immerhin. Und nun verfärben sich meine beiden Fußnägel an beiden dicken Zehen schwarz. Ob ich verfaule? Nein, keine Sorge, dies Schicksal droht mir nicht, im Gegenteil, das sei normal, sagte mir mein Professor heute. Normal. Was in diesen Krebszeiten alles normal ist. Ich fühle mich leicht erledigt, irgendwie kommt es mir so vor, als melde sich jetzt die Erschöpfung der Torturen der vergangenen Monate.

Freitag, 6. April

Habe auf meinem Computer ein Foto gefunden von meinem kleinen Hündchen. Das Foto habe ich an einem Sonntag aufgenommen, da hatte ich den Krebs noch in mir und die OP noch vor mir, ich ging alleine spazieren, nur mit meinem kleinen Hund, der große Hund war wieder mal aushäusig, wie so oft, und ich dachte über das Leben nach. Was kommt noch alles? Wie schlimm ist so eine Chemo? Was erwartet mich noch? Muss ich viel leiden? Geht es so? Oder doch nicht? Heute bin ich ein paar Antworten weiter, aber es sind wieder genauso viele Fragen dazu gekommen. Und ich habe warten gelernt. Erstaunlich. Und ich nehme mich ernster. Auch erstaunlich. Und ich hetze nicht mehr. Noch erstaunlicher. Nicht erstaunlich: ich gehe jetzt ins Bett. Gute Nacht!

Dienstag, 10. April

Ich schaue mir alte Fotos von mir an, überall schönes dichtes Haar in einer schönen Farbe, jetzt habe ich schmutziggraues Gefransel. Das soll sich ja ändern. Wurde mir mehrfach versichert. Ich glaube das jetzt mal! Außerdem ist mir nun der Nagel vom rechten dicken Zeh abgefallen und der vom linken schwächelt auch extrem. Alles in allem fühle ich mich schabrackig. Morgen hole ich mir aus der Apotheke Anastrozol, das ist für Frauen nach den Wechseljahren, also diese Antihormontherapie. Was ich mich freue!! Dann kommen zu den abgefallenen Zehennägel noch Hitzewallungen und Schlafstörungen und Alpträume und Krach mit der Telefongesellschaft dazu, oder was war das noch gleich? Telefongesellschaft, seit einem Jahr liege ich mit denen im Clinch. Und wenn ich erst mal Hitzewallungen habe, dann wird das noch schlimmer, das kann ich denen versprechen!!

Donnerstag, 12. April

Gestern saß ich in der Wanne und spielte mit meinem Blackberry rum, da ist ja auch ein Fotoknips drin und so habe ich etwas mangelhafte Selbstportraits von meiner operierten Brust gemacht und die betrachte ich mir nun. Ich habe ja schon gesagt, dass ich sie fast schöner finde als die nicht operierte und auf den Fotos finde ich das bestätigt, sie sieht wirklich besser aus. Die Narbe verblasst immer mehr, eines Tages sieht man es wohl kaum noch, aber das ist mir wirklich egal. Mit Narben habe ich es nicht so, meinen Bauch ziert auch eine riesengroße Narbe, es ist eben so. Das sind die Spuren, die meine Krankheiten hinterlassen haben. Meine Bauchnarbe ist wirklich kaum noch zu sehen. Aber meine Operateurin hat ganze Arbeit geleistet!! Ich bin wirklich froh darum. Mir geht es derzeit aber nicht ganz so gut. Was weniger die Krankheit betrifft, da läuft alles wie es soll, es ist die Trauer über alles, was mich in der Vergangenheit belastete, manchmal habe ich so dunkle Tage, wo alles hoch kommt, wo mir mein Mann fehlt, wo mir alles zu viel ist, wo es schwer ist. Schwer. Ich fühle mich belastet. Last. Lasten tragen. So geht es mir. Außerdem: habe heute meine erste Antihormonpille geschluckt, dieses Dingelchen wird mich jetzt fünf Jahre begleiten. Ich hoffe, sie tut, wofür sie da ist. Dann werde ich sie mögen!!

Freitag 13. April

Irgendwie fühle ich mich derzeit in meinem Leben, als werde ich neu zusammen gesetzt, als lösten sich die Grundfesten auf und bildeten sich neu. Sozusagen wird alles verschoben. Von oben nach unten und unten nach oben und rechts nach links und links nach rechts und schräg quer sowieso. Es ist nicht so, dass ich mich grundsätzlich dagegen wehre, offensichtlich war es angebracht, vieles von dem, was ich lebte, stimmte so nicht mehr, also ok, dann soll es so sein. Nur es ist so furchtbar anstrengend. Und die Auseinandersetzung mit der Trauer, die fordert meine ganze Kraft. Mehr, als ich nach so langer Zeit vermutete. Aber vielleicht hat das auch mit der Krankheit zu tun, die einem vieles Wesentliche im Leben einfach näher bringt. Heute die zweite Hemmerpille. Nein, nicht Hammerpille, Hemmerpille, weil sie was hemmen soll. Na dann, Pillchen, hemme mal fleißig in meinem Körper herum. In meiner Seele enthemme ich grad. Und verschiebe. Alles wird neu. Voll krass. Absolut voll krass.

Sonntag, 15. April

Heute war ich fleißig, ich habe endlich den Keller aufgeräumt. Endlich. Und dann habe ich festgestellt, dass ich nicht mehr die Energie habe, die ich früher hatte. Wann war das, früher? Ja, wann... ich weiß es nicht. Als meine Welt noch in Ordnung war. Das hat jetzt nicht unbedingt nur mit meiner Erkrankung zu tun. Die ist irgendwie der "krönende" Abschluss der schweren Jahre seit 1998. Ja, denn da fing alles an schwer, kompliziert und oft leider auch sehr schrecklich zu werden. So, jetzt ist Bett angesagt, meine Energiereserven auffüllen. Morgen ist Schriftkram dran. Boah wie ich das hasse, ich muss unbedingt reich und berühmt werden, damit ich mir eine Sekretärin leisten kann, und ich will endlich wieder eine normale Frisur haben. Herrgott gib mir Geduld und zwar SOFORT!!!!

Montag, 16. April

Hatte mal wieder Doc-Days, leider keine Dog-Days, obwohl ich das viel viel besser gefunden hätte. Habe mal wieder einsehen müssen, wie angeschlagen ich bin, morgen der nächste Termin, wo mir klar gemacht werden wird, dass alles nicht mehr so ist, wie ich es gerne hätte. Dog-Days sind besser, echt!! Mein kleines Mäxlein ist mein Seelenbegleiter, ohne ihn geht gar nicht. Bienchen ist bei einer Freundin, wo ohne Bienchen grad auch nicht geht. Ach und damit es nicht langweilig wird, habe ich die kommende Woche wieder, na was? Rischtisch: Doc-Days!! Yeah!! Aber egal, bei wie vielen Ärzten ich wie viele Untersuchungen oder Infusionen oder Transaktionen oder was für Aktionen auch immer über mich ergehen lassen muss, abends, wenn ich wieder zu Hause bin, da liege ich mit meinem kleinen Mäxlein auf dem Sofa. Nächste Woche kriege ich wieder 3400 Euronen in mich hineingekippt. In Worten: DREITAUSSENDVIERHUNDERT!! Was ich damit alles machen könnte!! Herceptin, hindert Krebszellen am Wachstum. Kriege ich ein Jahr. Das teure Zeugs schlägt aufs Herz, und damit das wenn, schnellstmöglich festgestellt wird, muss ich jetzt wieder zur Spezialuntersuchung beim Kardiologen. Möglichst noch bevor der Radiologe an mir rumstrahlt. Mein Hundologe ist besser, der liegt des Nächtens neben mir und dann geht es mir gut. Ganz ohne teures Zeugs und Pillen. Dafür schlägt er mir garantiert aufs Herz, aber so, dass es mir noch besser geht. Dog-Days sind halt wirklich besser als Doc-Days! Gute Nacht!

Donnerstag, 19. April

Katze Molly hat es sich gemütlich gemacht, ich sitze nicht weit davon und lasse den Tag ausklingen, der heute gemischt war. Ich habe viel verändert in meinem Leben, was sehr gut ist. Und doch bin ich manchmal verwirrt darüber. Glaube das ist normal. Habe "frei" bis Dienstag, dann geht der Ärztemarathon wieder los. Ich bin mir mittlerweile sicher, dass ich leben will. Also so richtig, so jede Minute. So im hier und jetzt. Wie eine ebenfalls brustkrebsbetroffene Frau aus Österreich in ihrem Blog schrieb, jede Minute zählt. Genauso will ich leben. Und ich werde das auch. Bin mir da ebenso sicher. Jetzt gehe ich mit meinem Mäxchen ins Bett. Molly bleibt auf dem Sessel, Bett wäre für sie ok, aber mit Hund?!??!!? Weit unter ihrer Würde. Ich habe sie aus Griechenland mitgebracht bekommen, das ist jetzt 18 Jahre her. Sie ist immer noch richtig fit. Meine alte Katze Molly. Früher hat sie hier die Straße katzenmäßig aufgemischt, nun gut, das ist heute nicht mehr so, aber kreischen kann sie noch wie eh und je, vor allem, wenn sie Futter haben will. Es ist schon seltsam, Tiere können nicht sprechen, aber irgendwie weiß man immer, was sie wollen, oder?

Samstag, 21. April

Ich habe ein Erinnerungsfoto geschossen, ich von oben gesehen. Naja, nicht wirklich schön, aber wer schon mal eine Chemo hatte, der weiß, dass man das schön findet, so Stöppelchen. Weil: sie kommen wieder!! Meine Haare wachsen!! Heute geht es mir richtig gut, ich fühle mich in meinem Zimmer so wohl, der Ofen bollert, der Tee dampft, Bundesliga läuft, so liebe ich es. Da habe ich mir gedacht, dokumentiere ich doch mein Stöppelchengewachse, bald kann ich ohne Mütze oder Tücher rumlaufen, ach was freue ich mich, was freue ich mich. Und diese Antihormonpillchen merke ich noch nicht, also es hat sich noch nicht viel verändert, bis auf dass ich besser schlafe. Ist das normal? Dabei soll eine fatale Nebenwirkung doch Schlaflosigkeit sein. Bei mir jedenfalls nicht, zum Glück. So, heute gibt's Nudeln in Tomatensauce mit Hackfleischbällchen. Nicht aus Massentierhaltung, das lehne ich so was von entschieden ab, aber so was von. Und ich koche doch so gerne.

Montag, 23. April

Nun war ich noch nie der Typ zum wimpernklimpern, aber dass ich jetzt überhaupt nicht mehr mit den Wimpern klimpern kann, das geht mir schon gehörig auf den Senkel!! Weil nämlich: ich habe keine Wimpern mehr. Ist das zu glauben? Warum ist das so? Die Chemo liegt gefühlte hundert Jahre hinter mir, warum fallen mir die Teile ausgerechnet jetzt aus, wo mir doch die Haare auf dem Kopf wieder wachsen? Ich fühle mich behindert. Keine Dickezehnägel mehr und nun auch keine Wimpern mehr. Was wartet da noch in der Höllenküche der Chemonachwirkungen auf mich?

Dienstag, 24. April

Meine Schwester meinte, ich hätte jetzt die gleiche Frisur wie unser Vater. Der ist 74 und sehr lichte auf seinem Haupt. Ich erzählte es Vater und der lachte herzhaft. Nette Familie. Außerdem war ich heute bei meiner Operateurin, sie hat mich untersucht, Ultraschall, alles ist in bester Ordnung und das macht mich froh. Dann war ich bei den Bestrahlern und am 10. Mai ist Terminbesprechung. Vorher war ich noch in der Krankenhauskapelle, wo ich auch jeden Tag war, als ich operiert wurde, dort ist es so schön. Und jetzt gehe ich ins Bett.

Freitag, 27. April

Herceptin verklappen ok, Sonographie Oberbauch ok, da habe ich mir einen Gummibaum gegönnt, seit Jahren habe ich keine Pflanzen mehr in der Wohnung gehabt, ich hatte genug mit dem Garten zu tun, aber jetzt, jetzt brauche ich wieder Grün um mich.

Samstag, 28. April

Heute war ich den ganzen Tag unterwegs und das Ergebnis davon ist ein neuer Blumentopf, den musste ich mir einfach kaufen, und einen Bubikopf habe ich mir gekauft, das war doch die WG-Pflanze der 80er Jahre, in jeder Wohngemeinschaft stand mindestens eines von diesen Dingern rum. Meist in der Küche und meist prachtvoll gewachsen. Und ich wollte auch immer einen haben und hatte immer wieder einen, denn die wurden nie alt, weil ich irgendwie damit nicht klar kam. Gießtechnisch. Jetzt bin ich älter und klüger.... höhöhöhö... vielleicht kriege ich es ja jetzt hin. Meine Haare wachsen, bald kann man das Frisur nennen, was ich da auf dem Kopfe habe. Ich trage aber noch Turban, weil es mir noch zu kurz für die Öffentlichkeit ist. Und sonst so? Es gibt Stunden, da vergesse ich meine Krankheit völlig. Aber so was von völlig, das finde ich richtig wunderbar. Hatte heute wieder einen schrecklichen Vermissungsanfall von Hajo, meinem verstorbenen Mann. Das haut mich dann immer wieder um. Aber ansonsten war es ein wirklich sehr schöner Tag.

Sonntag, 6. Mai

Mir stinkt es gewaltig!! Was? Meine Stinkefingernägel sind locker. Boah, ich HASSE das, auch wenn mir schon klar ist, dass es schlimmere Dinge gibt auf dieser Welt. Hat was mit Geduld zu tun. In der ich mich grad übe. Aber so was von übe. Vor lauter Überei komm ich zu nix. Was sich wohl noch so alles lockert bei mir. Zähne. Nächste Woche zwei Zahnarzttermine und der Zahnersatz dann im Herbst, wenn mein Zahnfleisch chemonachwirkungsmäßig zur Ruhe gekommen ist. Ich fühle mich alt und klapprig. ALT UND KLAPPRIG.

Montag, 7. Mai

Heute ist mir mal wieder klar geworden, was für ein Glückskind ich doch bin. Trotz allem. Ich war in der Radiologie, es geht ja nun los mit meiner Bestrahlung. Der Chefarzt ist ein richtig netter, mit dem ich mich gleich gut verstand. Das ist ja das tolle, dass ich immer die für mich richtigen Ärzte finde, nein, ich finde sie nicht, sie sind schon da, ich scheine gute Ärzteschutzengel zu haben. Das meinte er auch, Der Strahlenchefarzt, denn ich bin wohl der erste Fall, der ihm über den medizinischen Weg gelaufen ist, der eine Tetanusinfektion überlebt hat. Kennt man sonst nur aus Lehrbüchern meinte er, und nun säße so jemand leibhaftig vor ihm. Wenn sie das überlebt haben, meinte er noch, dann überleben sie das hier auf jeden Fall. Das machte mir erneut Mut und gab mir Schwung. Die richtigen Ärzte waren schon immer an meiner Seite, wie damals, im April 1965, als unser Dorfarzt mir alle zwei Stunden Pferdeserum spritzte. Ohne ihn gäbe es dieses Tagebuch hier nicht. Und das wäre irgendwie ziemlich doof.

Sonntag, 13. Mai

Vor fast genau drei Jahren war ich mit meinem Mann in Heidelberg, es war der Beginn einer schweren Zeit, denn er musste sich mit seinem Erbe auseinander setzen, was für ihn, wie ich heute weiß, zu schwer war. Danach folgte die dramatische Zuspitzung seiner Erkrankung, sein Tod, mein Zusammenbruch und dann mein Krebs. Wie der nette Strahlenchefarzt schon sagte, so viele Frauen hätten eine schwere Zeit durchlebt, wenn sie denn dann vor ihm saßen, das Immunsystem sei herunter gefahren und es hätte etwas wachsen können, was da nicht hingehöre und was sonst auch nicht da gewesen sei. Ja, es war eine schwere Zeit, es war eine verdammte schwere Zeit. Und doch habe ich oft Sehnsucht mach meinem Mann, als er noch gesund war, als wir viel Freude hatten mit unserem kleinen roten italienischen Flitzerauto und den gemeinsamen Urlauben in der Pfalz. Aber jetzt muss ich an mich denken, an meine Gesundheit und an mein Leben. Ohne Stress und möglichst auch ohne Krebs. Gehe jetzt schlafen, habe mir bei Strauss ein neues Kopfkissen besorgt, auf dem lesen sich meine Krimis bestimmt doppelt gut.

Freitag, 18. Mai

Heute wirbelten Röntgenstrahlen um mich herum, es surrte mal mehr und mal weniger und dann wurde ich beklebt und dann konnte ich wieder nach Hause fahren. In der übernächsten Woche wirbeln dann radioaktive Strahlen durch mich durch, ich hoffe, sie tun ihr Werk und beseitigen ein für alle Male Zellmutanten jedweder Art!!

Sonntag, 27. Mai

So, es ist vollbracht, die Chemozeit liegt insoweit hinter mir, als dass ich nun ohne Tuch rumrenne. Klar ist es rappelkurz und klar sieht man mir die Krebserkrankung dann doch immer noch an, aber es gibt schon Leute, denen es nicht auffällt. YEAH!! Also ich meine die Haare, die offensichtlich schon so "nichtkurz" (das Wort lang ist in dem Zusammenhang wirklich unpassend) sind, dass sie durchaus als Frisur durchgehen können. Irgendwie wachsen meine Haare erstaunlich schnell, finde ich. Und sonst so? Ich liebe mein zu Hause, dort ist es wunderschön. Dann habe ich mit einem lieben Kollegen telefoniert und echt Sehnsucht gekriegt nach meinen Akten. Aber ich weiß, dass ich aufgrund meiner Vorerkrankung und oben drauf noch die Krebserkrankung derzeit erst mal an der Nachsorge basteln muss. Dann fängt Dienstag die Bestrahlerei an. Außerdem vertrage ich diese Aromatasehemmer recht gut. Ich habe immer Angst, dass etwas nicht wirkt, wenn ich es so gut vertrage, wie bei der Chemo, wo mir ein Arzt sagte 'man merkt ihnen gar nicht an, dass sie eine Chemo bekommen' dann denke ich immer, vielleicht ist es ja doch Himbeersaft... im Ernst, ich denke dann, es wirkt bestimmt nicht, wenn es so gar keine oder wenig fühlbare Nebenwirkungen zeigt... Aber vielleicht bin ich auch da wieder ein Glückskind, das das Zeug einfach gut verträgt. Also schweige ich still und vertrage weiter gut. Wie das Herceptin, was ich auch nicht merke. Und meine große Hündin Biene hat Hormone, kriegt sie einmal im Jahr, boah dann will sie Kontaktliegen, dann werde ich Nachts wach und ein Hund liegt fast auf mir drauf. Immerhin 24 Kilo! Sozusagen externe Hitzewallungen. Doch jetzt gehe ich erst mal mit den Hunden an den Bach. Dort ist es wunderschön.

Montag, 28. Mai

Als ich so vor dem Strahlenarzt saß und dieser mir sagte, wie viele Frauen schon vor ihm gesessen und ihm berichtet hätten, wie unendlich schwer die letzten Jahre für sie gewesen seien, da ging mir viel durch den Kopf. Zu aller erst, wie schön es in meinem zu Hause ist, wie viel ich dafür getan habe und wie gut mir das gefällt. Dort, in dem kleinen alten Siedlerhäuschen, bin ich aufgewachsen, bei meiner Großmutter, die schönste Zeit meines Lebens, es kamen noch viele schöne Zeiten, aber das war einfach klasse, meine Kindheit bei Oma. Ich war schon einmal verheiratet, in jungen Jahren, leicht rosarotblind heiratete ich einen im Grunde netten Kerl, der aber schon vorher durch seine extreme Untreue auffiel und natürlich dachte ich, den lieb ich mir gesund, hat geklappt. Auch damals fiel meine Mutter dadurch auf, dass sie mir das Leben zur Hölle machte, dass sie Lügengeschichten erzählte und kein gutes Haar an meinem Mann lies. Warum ich dachte, dass das nun endgültig vorbei sei? Vielleicht, weil man immer an das Gute im Menschen glaubt, weil es einfach schön gewesen wäre, wenn es schön gewesen wäre... oder so. Ich lernte meinen verstorbenen Mann kennen, diesmal den richtigen, treuen, lieben, chaotischen und humorvollen Menschen, mit dem es mir gut ging. Auch da kam wieder der Hass meiner Mutter, diesmal aber wohnte ich nebenan, nicht wie damals weit weg, so dass wir ihren Fiesigkeiten direkt ausgesetzt waren. Bevor es vollends eskalierte, zogen meine Eltern fort. Der Familienverbund zerbrach und auch wenn es richtig so war, litt ich.

Und kaum hatten wir die Abwesenheit von Hass und Stress so richtig genießen können, wurde mein Mann sehr schwer krank. Als er starb, hatte ich 11 Jahre Dauerstress hinter mir, Dauerbelastung, Kampf um einen einigermaßen lebbaren Alltag für uns beide. Denn am Ende konnte er auch das kaum noch gewährleisten. Ich habe mich dann um das Haus gekümmert, wozu ich die letzten Jahre keine Zeit und keine Kraft hatte, ich habe es entrümpelt, mich von vielen alten Dingen getrennt, die mir auf der Seele lasteten, ich habe es neu und hell gemacht und die Freude ist eingezogen. Wieder eingezogen. Dann wurde der Krebs entdeckt, passt zu dem, was der Strahlenarzt sagt. Ich hadere nicht damit, es passt einfach. Er, der Krebs, hat mich hinauskatapultiert aus dem alten Lebensschema und das ist nicht mal schlecht, es ist eigentlich gut so. Nein, Krebs ist nicht gut, kann er nicht sein, weil er bösartig ist. Aber wenn schon, dann will ich auch die Dinge sehen, die sich zum Guten gewendet haben durch ihn. Die 11 Jahre Dauerbelastungskampfstress haben mich in eine Erschöpfungsdepression gleiten lassen, an deren Ende ich in eine Klinik kam und deren Auswirkungen ich heute noch spüre. Alles geht nur langsam, mehrere Termine auf einmal gehen gar nicht, einiges geht noch überhaupt nicht, ich taste mich wieder an meinen Alltag heran. Der Krebs hat sich da quasi eingefügt. Jetzt geht es noch langsamer. Aber auch damit hadere ich nicht, das ist einfach so. Doch eins weiß ich, spüre ich ganz deutlich, egal was ist, ich lebe gern hier. Ich lebe wieder gerne hier. Ich liebe mein zu Hause.

Freitag, 1. Juni

Linearbeschleuniger, so heißt das Ding korrekt, wo sie mich derzeit reinspannen und dann mit beschleunigten Fragmichwas beschießen und dann wirkt das und dann werde ich gesund. So die leicht fragmentierte Theorie, aber ich bin ja nun auch keine Physikerin. In der Praxis wünsche ich mir, es möge wirken, so, wie es gewollt ist. Ich will es jedenfalls. Möglichst beschleunigt, wenn's irgend geht. Zwei Menschen wuchten an mir rum, dann verlassen sie den Saal und dann brummt es und dann fährt der Apparat um mich herum und brummt wieder und kaum habe ich mich daran gewöhnt, kommen die Menschen wieder und ich kann gehen. Das alles findet in einem Keller eines alten Krankenhausgebäudes statt. Und wieder erinnert es mich an Alexander Solschenizyns "Die Krebsstation", doch diesmal leide ich nicht darunter, ich bemerke es nur, denn so ähnlich muss es da ausgesehen haben, jedenfalls habe ich es mir so immer vorgestellt. 70er-Jahre-Minimalistenflair, grau, dunkel und kalt. Fast bedrohlich. Aber sehr nette Leute. Heute morgen beim Bäcker, die Frau hinter der Theke schaut mich an, ich renne ja nun ohne Tuch herum, waren sie krank? Ja. Sehr krank? Ja. Ich auch, vor 5 Jahren. Wir lächeln uns wissend an, wünschen uns gegenseitig Glück. Die Brötchen schmeckten heute irgendwie anders.

Dienstag, 5. Juni

Gestern Abend saß ich in meinem Ohrensessel, etwas erschöpft, weil mich derzeit alles sehr anstrengt, aber glücklich. Glücklich in dem Moment. Der Bollerofen war an, derzeit ist es ja eher kalt, Musik lief, mein kleiner Hund war bei mir, die Katze schlief schon, ich hatte mit meinem WG-Partner zuvor etwas gegessen, er Pizza, ich Nudeln, wir hatten uns nett unterhalten, und dann saß ich da und war glücklich. Ich habe ein schweres Jahrzehnt hinter mir, das durch die Krebserkrankung quasi "gekrönt" wurde, um es mal flapsig auszudrücken. Es war wirklich verdammt hart. Mir ist das oft gar nicht klar gewesen, darauf getrimmt, alles auszuhalten, habe ich halt auch das ausgehalten. Bis ich nicht mehr konnte. Und doch ging ich weiter und weiter und... dann kam der Krebs. Er hat all das quasi beendet. Ich MUSSTE zur Ruhe kommen, mir blieb nichts anders übrig. Und da sitze ich nun, inmitten der erzwungenen Ruhe, und kann Revue passieren lassen, was ich alles geschafft habe, seit mein Mann gestorben ist. Ich habe mir ein neues Leben aufgebaut, Holla die Waldfee, es war nicht leicht, es war verdammt nicht leicht, aber ich habe es geschafft. Mein Häuschen ist renoviert und entrümpelt, all das ist getan, was ich in den Jahren der schweren Erkrankung meines Mannes nicht habe tun können und was jetzt endlich erledigt werden konnte. Nicht mal organisieren musste ich es, das hat alles mein Mitbewohner übernommen, er hat die Handwerker koordiniert, ich konnte mich voll der nötigen Krebsdinge widmen und musste eigentlich nur all das schöne neue bestaunen. Es gefällt mir gut, es gefällt mir ausgesprochen gut. Und damit geht es mir auch gut. Ich habe wieder diese glücklichen Momente, die das Leben so schön machen. Trotz meiner Erkrankung, trotz der anstrengenden Nachsorge, trotz meiner Schwerbehinderung, die nicht allein durch den Krebs kommt. Ich atme auf. Ich lebe wieder.

Donnerstag, 7. Juni

Ich vermisse meine Arbeit. Es war eine verdammt schöne Arbeit und ich vermisse sie wirklich. Ich vermisse sie sehr und meine lieben Kolleginnen besonders, aber derzeit ist einfach nicht daran zu denken. Auch das ist etwas, was ich erst lernen muss zu akzeptieren. War grad mit meinem kleinen Hund spazieren, der andere Hund ist wieder einmal aushäusig, und das war schön. Trotz dieser Multi-Erschöpfung (die Bestrahlung haut mich um, ich schlafe noch auf dem Bestrahlungstisch ein, ehrlich) habe ich mich aufgerafft und bin durch die Felder gelaufen.

Dienstag, 12. Juni

Macht so Bestrahlung auch was mit dem Kopf? Ich meine so innendrin? Mit den Gedanken und so? Bei mir im Kopf geht grad die Post ab. Die Abschiedspost. Abschied nehmen. Loslassen. Neues Leben anfangen. Es ist wirklich der Hammer. Wirklich. Die Chemo ist mir leichter gefallen? Ok, keine Haare, das ist nicht schön. Aber das drum und dran bei der Bestrahlung, jeden Tag dahin und dann das Gebrumme von dem Strahlenteil und die Gewissheit, jetzt geht was kaputt (was gut so ist und so sein muss, trotzdem macht es eben kaputt), du bist nicht mehr heile, du bist versehrt... Gestern hatte ich das erste Mal den Wunsch, mir einen dicken Hammer zu nehmen und immer, wenn der Apparat brummt, ihm damit kräftig eine zu verpassen!! Ich lag da und kriegte Wut. Machen die Strahlen auch wütend? Habe dann im Internet den Blog meiner Mutter verändert, Bilder neu sortiert, dabei ist mir klar geworden, dass es meine Mutter, so wie sie war, schon länger nicht mehr gibt, ich meine, ich bin ja nicht superblöd, das ist mir schon lange klar, das ist Alzheimer, aber irgendwie, ich weiß auch nicht, kommt mir das jetzt hoch. Ausgerechnet jetzt, oder sind das die Strahlen? Dann gehe ich auf Hajos Internetseite, er ist bald zwei Jahre tot, und doch, er ist mir so nah wie nie. Sind das diese Phasen, wo man nach so langer Zeit glaubt, der Tote ist wieder da? Erneut Abschied. Neues Leben. Krebs. Bestrahlung. Strahlen. Wut. Hammer. Gleich kommt mein Taxi und fährt mich wieder zu dem Brummteil. Wenigstens ist der Taxifahrer ein echt netter!!

Dienstag, 19. Juni

Heute ist strahlenfrei, was auch dringend nötig ist, habe die Chemo gefühlte 1000 mal besser verkraftet, obwohl das kaum zu verstehen ist. Doch es ist so. Hat bestimmt was damit zu tun, dass in diesem Vorhof zur Hölle die Krankheit in jedem Stadium vertreten ist, gestern eine Frau, die kaum noch gehen kann, ohne Hilfe nicht mal mehr aufstehen, die brach plötzlich in Tränen aus, sie könne nicht mehr... trösten unmöglich, sie hat es sich auch verbeten, was soll man da auch trösten? Stumme Anteilnahme, sofern man dazu in der Lage ist. Habe das Brummteil, was heute gewartet wird, richtiggehend lieb gewonnen, denn das ist das geringste Problem, wie ich nun gemerkt habe. 21 Mal noch. Ich schaff das schon. Aber es fällt mir schwer. Wirklich, es fällt mir sehr schwer.

Donnerstag, 21. Juni

Heute geht es mir gut. Innerlich. Gehe mit den Hunden, freue mich, sitze an meinem Tisch und genieße die Blumen. Seit dem Krebs brauche ich Blumen um mich. Das hat der Krebs nicht gemacht, sondern mein Wunsch, achtsamer mit mir umzugehen. Hat was mit dem Krebs zu tun. Und mit dem, was vorher mein Leben bestimmte und wohin es mich führte. Und und und... treffe die Frau des Tierarztes, die von ihren Pferden kommend an mir und den Hunden vorbei fährt, sie hält an und frohlockt ob meiner Haarpracht. Gleich werde ich wieder strahlend zur Strahlung gehen und dort strahlen. Lese bei Wiki: Der Begriff Strahlung bezeichnet die Ausbreitung von Teilchen oder Wellen. Ausbreitung ist gut. Ich breite mich aus. Ich will mich ausbreiten. Völlig und ganz in meinem Leben. Nächste Woche beginnt meine psychoonkologische Therapie, dort werde ich meiner Lebensausbreitung strahlend begegnen. Wortspiele. Derzeit brauche ich Worte , nichts als Worte. Worte, die in meinem Kopf Wellen verursachen und sich in meinen Gedanken ausbreiten. Was ist nur mit mir los? Haben die Strahlen in meinem Hirn etwas durcheinander gebracht? Oder vielleicht gerade gerückt? Gestern war die Frau wieder da, die kaum gehen kann. Habe mich entschlossen, mich zu ihr zu stellen. Wir sprachen. Und auf einmal sprachen alle. Der ganze Raum sprach. Miteinander. Geschichten und noch mehr Geschichten, Lebensgeschichten. Krebs. Strahlen. Leid und Freund. Und Worte. Ich quille über vor Worten. Lerne Latein. Endlich Zeit für Latein, heißt das Buch. Es ist gut. Es tut mir gut. Und Ulla Hahn tut mir gut, habe vor Jahren DAS VERBORGENE WORT gelesen, grandios, einfach nur grandios, jetzt lese ich AUFBRUCH und auch das fesselt mich wieder.

Freitag, 22. Juni

Gestern beim Strahlenchefarzt gewesen, gutes Gespräch. Sehr gutes Gespräch. Kein Schulmediziner sondern ein Arzt, der denkt und fühlt. So gut. Wunderbar und gut.

Mein Leben reflektiert, meine Erkrankung darin, mein Weg weiter. Zu mir. Jahre haben sie für andere gesorgt, jetzt müssen sie für sich sorgen, dass zu lernen ist nicht leicht, sagte er nachdenklich. Und: die Krankheit zeigt ihnen vielleicht den Weg dort hinaus. So viele Möglichkeiten. So viele Gedanken. So viele Worte. Gefühle. Stimmungen. Ich bin völlig überschwemmt derzeit davon. Ich fühle mich wie früher, wie ich als Kind gefühlt habe, oder sagen wir, wie ich heute meine, wie ich fühlte, nämlich nutzlos glücklich, ich meine damit ohne Nutzen, einfach so, weil die Welt eine Welt ist. Weil ich ich bin. Weil Blumen blühen und Wolken ziehen. Irgendwas bricht grad aus mir heraus. Was bin ich nur froh, dass nächste Woche meine PsychoOnkoTherapie beginnt, was bin ich froh!

Sonntag, 24. Juni

Ach hätte ich es doch fotografieren können! Ich gehe abends mit den Hunden meist an den Bach, ca. anderthalb Kilometer vom Dorfrand entfernt. Er liegt in einer Talsohle. Heute habe ich Fußball geguckt, also war es schon spät, als ich zum Bach kam und fast Nacht. Und auf einmal, die Hunde rannten grad los, stiegen hunderte Glühwürmchen aus den Gräsern auf, das war ein magischer Moment, das sah soooooo toll aus!! Ich habe mit offenem Mund da gestanden und nur noch gestaunt, wie schön die Natur sein kann. Jetzt gehe ich ins Bett, die Hunde schlafen schon, ich werde morgen Abend wieder so spät gehen, das Naturschauspiel lasse ich mir nicht entgehen. Glühwürmchen sind einfach zu schön!

Mittwoch, 4. Juli

Zwei Termine bei der Psychoonkologin habe ich schon hinter mir, es waren gute Termine. Und ich habe gemerkt, dass der Krebs gar nicht im Vordergrund steht, über den haben wir eigentlich am wenigsten geredet. Mir geht es darum, dass ich mehr bei mir ankommen will. Bei meinen Wünschen, bei dem, wie ich mir mein Leben vorstelle. Der Krebs kommt mir vor wie ein Katalysator. Gibt es das, einen Katalysatorkrebs? Immerhin hat man jetzt das Gottesteilchen entdeckt, was für ein Wort!! Heißt das, dass Gott ein Teilchen ist oder eins hat? Bei der Internet-Suche nach der Antwort auf diese Frage lese ich grad, dass das Ding eigentlich Higgs-Boson heißt. Was macht so ein Higgs-Boson? Es erfüllt den leeren Raum, der eigentlich ein Nichts ist, und wechselwirkt mit den darin befindlichen Elementarteilchen. Jetzt verstehe ich auch den Begriff "Gottesteilchen". Wer das versteht, der muss so was wie gottgleich sein, oder? So, ich muss nun schlafen gehen. Heute war ein anstrengender Tag, erst der Abschied von meiner Schwester, die nach Hause flog, dann wieder diese Bestrahlung und dann die Schwüle, das hat mir alles zugesetzt. Gute Nacht!

Montag, 9. Juli

Ich bekomme einmal in der Woche vom Demeter-Hof eine Gemüsekiste, diesmal gab es dicke Bohnen. Mann muss die Dinger pahlen, oder so ähnlich, pählen? Kannte das Wort gar nicht, hat auch nicht so geklappt, ich habe die Haut um die Bohnen vergessen. Hat trotzdem geschmeckt. Dazu Speckschwarte, das gibt einen feinen Geschmack! Und natürlich Salat mit Schmand Sauce, köstlich!! Und wenn der Speck glasig ist, dann fängt die Küche an zu duften. Mit Lebensmitteln umgehen ist wie meditieren, ehrlich, dann kann ich komplett versinken und brutschel rum und fühle mich wohl. Ich muss Schriftkram erledigen, das ist für mich derzeit kaum schaffbar, das ist wie ein Berg, der bestiegen werden will. Popelsschriftkram. Morgen muss ich ran, ich glaube, ich habe eine Schriftkramblockade.

Freitag, 13. Juli

Mein Mitbewohner hat ganze Arbeit geleistet, naja ok, er nicht direkt, er hat die Arbeiten beaufsichtigt, eine Entrümpelfirma kam und hat den alten Kohlenkeller, Bastelkeller, Frickelkeller, Zeugslagerraumkeller, Gedönekeller... ausgeräumt, nun ist alles fort, auch das alte Holz auf der Terrasse, alles ist weg. Wegwegweg. Das war ein großes Thema bei der Psychoonkologin, Altes loslassen, damit Neues wachsen kann. Oh was war das für mich schwer, früher, da war das ganz schwer. Noch viel schwerer. Jetzt geht es. Durch den Tod meines Mannes ist da einiges in Gang gekommen. Ich habe mich trennen können. Und ich kann mich immer noch trennen. Jetzt ist meine Ursprungsfamilie dran. All die alten Sachen, teilweise noch von meinem Großeltern, die seit Jahrzehnten hier in diesem Haus lagerten, die kommen nun fort. Es ist, als entsorge ich meine Vergangenheit. Tante Ingelores alter Couchtisch, an dem ich als kleines Kind meine Muscheln sortierte, den soll ich wegschmeißen? Ok er ist alt und hat schon Schlieren auf dem Holz und... aber wegschmeißen? WEGSCHMEISSEN?!? Die Erinnerungen... was? Die schmeiße ich ja gar nicht mit weg? ECHT NICHT? Aber der Tisch... eigentlich ist er doch ganz schön... äh... naja, wenn man ihn streicht? NEU KAUFEN? Wieso soll ich einen neuen kaufen? Der alte tut's doch auch... Erinnerungen... Ich habe jetzt die letzten Punktbestrahlungen, 5 an der Zahl, also nur noch 4, denn gestern war die erste. Es wird auch Zeit, dass es vorbei ist, denn ich bin so platt, so unsagbar platt, vorgestern, da dachte ich, ich kriege kein Bein mehr vor das andere gesetzt, wenn ich jetzt nicht sofort einschlafen darf, dann heulen alle Sirenen und Steine fallen vom Himmel... so war mir. Von der Bestrahlung merkt man ja nix, aber selbst wenn man was merken würde, ich merkte es nicht, weil ich so platt bin, dass ich noch auf dem Bestrahlungstisch einschlafe. Früher, wenn wir aus der Kantine kamen, wieder am Schreibtisch saßen und müde waren, nennten wir diesen Zustand belustigt Suppenkoma. Jetzt habe ich das Strahlenkoma. Aber holla. So platt war ich in meinem ganzen Leben noch nicht. Und ich schmeiße Altes weg. Über den Tisch wird noch zu reden sein. Ich werde ihn mal knallrot anstreichen. Wenn ich entplättet bin.

Derzeit geht gar nix. Sonst heulen alle Sirenen und Steine fallen vom Himmel... wirklich!

Mittwoch, 18. Juli

Vorbeivorbei tandaradei!! Die Strahlung hat ein Ende!! Heute um kurz vor 9 war das Kapitel vollendet, der Arzt war zufrieden und ich war es auch. Meine Haut sehe gut aus, beschied er und fragte nach der Müdigkeit. Ich hätte sie ihm gerne demonstriert und wäre liebend gerne spontan in einen Tiefschlaf verfallen, doch dafür war es zu früh, so was habe ich nur nachmittags, genauer gesagt: JETZT. So lege ich mich nun. Erschöpft über den langen Weg, den ich seit der Diagnose gegangen bin, dankbar, dass es so gut gelaufen ist mit Chemo und Bestrahlung. Und erleichtert, weil ich jetzt nicht mehr jeden Tag in die Strahlenklinik muss. Übrigens, so lese ich grad bei Wiki, ist tandaradei eine lautmalerische Nachahmung des Nachtigallengesangs.

Freitag, 20. Juli

Heute Herceptin, kam der OnkoDoc, wollte mich sprechen. Er verstehe es nicht, im April alle Werte ok, doch jetzt ein Tumormarker zu hoch. Welcher genau habe ich vergessen, er hat alles erklärt, aber ich kann mir so was nicht merken. Er war nur verwirrt, ich war es dann auch, weil er meinte, vielleicht sei ja auch gar nichts, dann kriegte ich neu Blut abgenommen, er glaubt es nämlich erst mal so nicht. Nun gut, ich weiß nicht, was ich glauben soll. Wenn der Wert immer noch zu hoch sei, tja, was dann. Untersuchungen. Er hat Ultraschall gemacht, wir schwiegen beide währenddessen, aber es war alles ok. Jetzt warte ich erst mal ab. Was soll ich auch sonst tun. Außer ins Bett gehen und ein gutes Buch lesen: Der Junge, der Träume schenkte, einfach klasse, passt in die Art: Die Asche meiner Mutter, nur dass es keine wahre Geschichte ist. Aber es ist lesenswert, absolut lesenswert. Und das lese ich jetzt.

Montag, 23. Juli

Heute morgen las ich im SPIEGEL ein Interview mit einem Nerd. Was ist ein Nerd. Also, der junge Mann sagte in etwa, Computernutzer freuen sich, wenn etwas funktioniert, ein Nerd will wissen, warum und wie es funktioniert und wie er es verbessern kann. Ich war ein Nerd. Ich war gerne ein Nerd. Ich bin kein Nerd mehr. Ich bin gerne kein Nerd mehr. Warum? Alles wird anders. Zunächst zu meinem Wert. Den habe ich völlig vergessen, weil der ist ohne bildgebendes Verfahren gar nicht aussagekräftig, der ist sowieso sehr unspezifisch und wenn man bei Untersuchungen nichts findet und er trotzdem hoch ist, wird er ignoriert. Soviel dazu. Ich bin eh am Donnerstag bei meinem Professor, die nächste Untersuchung, es folgen jetzt ja wieder Untersuchungen, zwei mit guten Ergebnissen habe ich schon hinter mir, und in dem Zusammenhang werde ich die Werte besprechen. Und wenn da was ist, dann ist da was, daran kann ich jetzt auch nichts ändern. Ich konnte auch an meinem Tumor nichts ändern. Der war da weil er da war und Punkt. Also lebe ich jetzt weiter. Weil ich hier bin um zu leben. So ist das. Und wenn die Sonne scheint, dann ist das hier auch sehr schön. Mit oder ohne welche Werte auch immer. Ich lerne. Nämlich den Umgang mit mir, mit meiner Krankheit und mit den Ärzten. Ich lerne Gelassenheit. Ich lerne eigentlich leben. Und ich lerne, dass alles anders wird. Nicht nur bin ich kein Nerd mehr, 20 Jahre waren Computer mein Lebensinhalt, der ist weggebrochen, dafür gibt es viele Gründe, aber die sind jetzt hier nicht wichtig. Wichtig ist, dass ich das Leben lerne. Es wird nämlich wirklich alles anders. Im Außen ist schon so manches anders geworden, ich lebe nicht mehr mit meinem Mann zusammen, er ist 2010 verstorben. Da ist auch was weggebrochen. Ich lebe jetzt in einer Wohngemeinschaft und das ist schön. Und es ist KOMPLETT ANDERS, als ich es gelernt habe, wie soll ich das erklären ohne hier Romane zu schreiben?

Schwer. Als Studentin habe ich nur in WG's gewohnt und fand es toll, doch darum geht es hier nicht. Ich bin ein gelernter Verbundmensch, habe ich nach meinem Zusammenbruch in der Klinik (nach dem Tod meines Mannes) herausgefunden. Verbundmenschen sind für alles verantwortlich. Sie haben dafür zu sorgen, dass es ihren Nächsten gut geht und an nichts fehlt, allen voran ihrer Familie, ihren Liebsten, ob nun Eltern, Kinder, Ehegatten oder was auch immer da lebt, sie sind verantwortlich. Ich war schon als kleines Kind verantwortlich für das Wohlergehen meiner Mutter. Das hat sich gehalten und verfestigt und so war ich ein gelernter Verbundmensch, ich war sogar ein Diplomverbundmensch, summa cum laude, Dr. Megaverbund, der immer verantwortlich war und immer funktionierte. Immer. Auch wenn es eigentlich gar nicht ging. Der seine eigenen Bedürfnisse nicht gesehen hat, dafür aber die der anderen ÜBERDEUTLICH. Wie im Focus sozusagen. Bei meiner Psychoonkologin ist all das ein zentrales Thema. Ich sehe mich nicht. Ich sehe meine Bedürfnisse nicht. Ich funktioniere. Immer und überall. Meine Krankheit hat sich einen Spaß daraus gemacht, dieses Funktionieren kaputt zu machen. Allzeit bereit ist vorbei. Jäh vorbei. Mein Tumor kam angewachsen und sagte hämisch, so meine Liebe, nun ist Schluss mit Lustig, ich werde dafür sorgen, dass du dich mal um was anderes kümmern musst als ständig um anderleuts Kram. Sprach's und wuchs und veränderte mein Leben. Und als ich jetzt wieder für andere da sein wollte, obwohl ich eigentlich weder Zeit noch Energie habe, schickte mir die Krankheit mal eben einen erhöhten Wert, der mich erneut daran hinderte, wieder nur die anderen zu sehen und nicht mich. Meine Freundin, die vor vielen vielen Jahren Brustkrebs hatte und deren Werte alle gut sind und bei der auch nichts mehr gefunden wurde, die sagte zu mir, meine Liebe, mir scheint, du nimmst deine Erkrankung nicht ernst genug. Ich habe jetzt erst mal alles abgesagt. Alles. Keine Fahrten gar nirgendwo hin. Krebsbehandlung. Nachsorge. Ich. Mehr zählt derzeit nicht. Mehr kann und darf nicht zählen. Meine Erkrankung steht im Vordergrund, alles, was damit zusammenhängt, auch solche Werte, stehen im Vordergrund. Untersuchungen. Abklären. All so was ist jetzt angesagt. Es dreht sich zum ersten Mal in meinem Leben alles nur um mich. Alles wird anders. Und wenn ich jetzt sagen würde, ach das ist gut, das ist easy, das ist einfach, dann würde ich lügen. Es ist alles andere als das. Es ist SAUSCHWER.

Donnerstag, 26. Juli

Heute mal wieder gewartezimmert, gleich bei zwei Ärzten, man gönnt sich ja sonst nix, bisher ist alles ok. So möge es bleiben. Es ist warm allenthalben. Was schön ist. Nur für so alte hormonreduzierte Krankfrauen wie mich ist das manchmal nicht leicht, aber ich halte mich tapfer. Morgen der nächste Arzttermin und in der kommenden Woche geht es weiter. Wie fühlt sich das nochmal an, wenn man gesund ist? Anders? Seufz...

Freitag, 27. Juli

Anruf OnkoDoc, der Wert ist wieder unten. Alles ok. Er könne es sich nicht erklären, würde es aber gerne wissen. Ich glaube, da gibt es nichts zu wissen, das ist einfach so. Mein Professor hat das jetzt in die Hand genommen, der leiert auch die Untersuchungen an, die ich eh machen muss. So soll es sein.

Montag, 30. Juli

Hah! Ich liebe Computer, nein, ich liebte Computer. Oder liebe ich sie doch? Immer noch? Ich schwelge in Erinnerungen, daaaaamaaaals... wie bin ich dazu gekommen? Ganz einfach, ich mache auf meinem MAC eine regelmäßige Datensicherung mit einem Programm namens TimeMachine, damit mir auch ja nichts flöten geht. Die mache ich auf eine externe Platte, via USB angeschlossen. Nun haben wir seit letzter Woche ein Laufwerk im Netz, so ein richtig schnelles und gutes. Aber TimeMachine unterstützt Netz-Laufwerke nicht, jedenfalls offiziell nicht, aber natürlich gibt es Tricks, dass man das doch tun kann, einer davon fängt mit dem Befehl *„defaults write com.apple.systempreferences TMShowUnsupportedNetworkVolumes 1*“ an und das weckte bei mir wieder Nerd-Gefühle und ach... daaaaaaaamaaaals... doch, es war eine schöne Zeit. Wirklich, eine wunderschöne Zeit. Es gab kaum Frauen in der EDV und wenn doch, wurden sie bestaunt. Meist hielt man mich zunächst für die Sekretärin, echt, so war das, aber dann war doch schnell klar, dass ich vom Fach bin und das war oft lustig. Naja, soviel dazu, TimeMachine läuft noch nicht wirklich, weil ich muss noch ein „Sparsebundle“ erstellen, also eine Disc-Image-Datei, das geht nämlich leider nicht automatisch auf dem Netz-Laufwerk. Doch bevor ich das tue, gibt es Nudeln. Kochen liebe ich nämlich immer noch, immer wieder!!

Sonntag, 5. August

Ich bin etwas erschrocken. Durch die Krebserkrankung habe ich eine Frau kennen gelernt, die nahezu ähnlich an Brustkrebs erkrankt ist wie ich. Sie geht zum selben Onkologen wie ich. Und sie ist Kassenpatientin. Und ihr sagte er, er werde die Tumormarker nicht abfragen, bei einer Ersterkrankung bringe das nichts, die sagten nichts aus. Als ich ihr erzählte, bei mir habe er ganz anders geredet, meinte sie "klar, du bist ja auch Privatpatientin" ja was ist das denn? Was soll ich denn davon halten? Wie auch immer, bisher ist alles ok, weitere zwei Blutuntersuchungen ergaben normale Werte und alle Untersuchungen waren ohne Befund. So soll es bleiben. Heute war ein schöner Sommertag. Meine Kölner Freundin und mein Mitbewohner haben das Wohnzimmer renoviert. Krass gut. Und jetzt gucke ich Olympia. Leichtathletik. Gucke ich gerne. Sind die eigentlich alle gedopt da? Ich bin gedopt. Freitag erhalte ich die neue Dosis. Herceptin. Macht mir nun doch hübsche Knochenschmerzen. Erste Woche furchtbar, zweite Woche schlimm, dritte Woche geht so. Kommenden Freitag fängt die erste Woche wieder an.

Montag, 6. August

Mir ist ein altes Baby Foto von mir in die Hände gefallen. Damals war ich Gott sei Dank noch kerngesund, wusste nichts von Krankheit und vom Leben auch nicht so viel. Heute bin ich etwas klüger, habe zwei Operationen (eine davon lang und schwer) überstanden und eine normalerweise tödlich verlaufende Krankheit entgegen jeder Wahrscheinlichkeit überlebt. Im Kindesalter. Dank dieses guten Dorfarztes, der immer Pferdeserum in der Tasche hatte, weil er auch die Pferde der Bauern behandelte. Ohne hätte ich es nicht geschafft. So ist manchmal das Leben. Vielleicht mag ich Pferde darum so gerne... war'n Scherz. Nun, das Leben ging weiter, das Pferdeserum tat seine Wirkung, ich heiratete, wurde geschieden, heiratete nochmal, wurde Witwe und dazwischen passierte so manches und dann halt auch Krebs. Immer aber war ich gutgläubig. Manche nennen es naiv. Heute schrieb mir ein Freund: "Ich glaube, mit deinem Tumormarker ist es ähnlich wie mit dem Prostatakrebsindikator, der als IGEL (individuelle Gesundheitsleistung) selber gezahlt werden muss (ca. 25€), weil er von den Kassen nicht übernommen wird, da er relativ oft falsch positiv anzeigt (statistisch: alpha-Fehler) und entsprechend oft zu unnötigen Untersuchungen und Belastungen der Patienten führt. Aber er ist im Bezug auf den beta-Fehler (falsch negativ) ziemlich gut: Wenn er nix anzeigt, dann ist auch normalerweise nix. Privatpatienten bekommen diesen Test bezahlt, also wird er auch regelmäßig gemacht, während Kassenpatienten selber zahlen müssen. Es ist halt eine Abwägung, bei dem der gemeinsame Ausschuss aus Kassen und Kassenärztlicher Vereinigung zu einem anderen Ergebnis gekommen ist als die, die diese Leistung in Anspruch nehmen wollen. Ähnlich wird es auch bei deinem Marker sein, der eine Arzt sieht das anders als der gemeinsame Ausschuss (und als andere Ärzte)." Ich glaube, ich bin wirklich naiv, ich dachte immer, es geht um effektiv gesund werden. Oder ich kapiere was grundsätzlich nicht. Kann auch sein. Damals half mir Pferdeserum. Was hilft denn da heute?

Freitag, 17. August

War auf dem Friedhof, mein Mann liegt nicht mehr alleine auf weiter Flur, er hat eine Nachbarin bekommen. Und ich habe im Internet einen Blog gefunden, wo es auch um Abschied von dem Liebsten geht, das hat mich wieder so aufgewühlt und mich an das erinnert, was ich alles gefühlt habe. Ansonsten geht es mir nicht schlecht, geht es mir nicht gut, geht es mir gut, ach ich weiß nicht. War beim Zahnarzt, kriege oben Ersatzteile, weil durch die Chemo und Bestrahlung alles noch viel schlimmer geworden ist... Ich will da jetzt nicht dran denken. Am 11. September werde ich in einen Dämmerschlaf versetzt und wache mit einem Provisorium auf und mir ist jetzt schon furchtbar bang. Dann bin ich endgültig eine alte Schabracke. Aber das bin ich ja jetzt schon. Jedenfalls fühle ich mich so. Und ich muss die Steuer machen. Ich finde, das ist noch einen drauf, wenn man sich sowieso nicht so gut fühlt, dann noch Steuerunterlagen raussuchen, das ist echt die Oberhärte.

Dienstag, 21. August

Heute noch mal Sperrmüll. Die letzten Reste Altkram wurden aus meinem Haus hinaus getragen. Kochgeräte, die ich auf dem neuen Induktionsherd nicht mehr benutzen kann und ein kaputtes 60er-Jahre-Heizöfchen. Hinfort mit allem!! Ich habe es aufs Mäuerchen im Vorgarten gestellt und es dauerte nicht lange, da hielt ein Mann an und räumte den Kram strahlend in sein Auto. Was auch immer er damit anstellt, ich bin's froh! Das Frohe, nämlich das Entalten, war heute auch Thema bei meiner Psychoonkologin. Und das Alte war auch Thema. Und das Neue. Nur der Krebs nicht. Oder doch? Weil er dazu gehört? Einfach so dazu gehört? Es ging um meine Mutter. Es ging um zerfaserte Seelen. Kinderseelen. Nicht meine. Es ging um Familiengeschichte. Um Alzheimer. Um um um... Und um Ventilatoren, ohne die man es derzeit nicht aushält. Bei den Kochgeräten war ein großer silberfarbener

Kochtopf mit Deckel, das war der Lieblingsnudelkochtopf meines Mannes. Darum war er noch im Haus. Trotz Induktionsherd. Trotz Platz wegnehmen. Ich konnte mich nicht trennen. Jetzt ist er hinfort.

Dienstag, 28. August

GOTT sei gepriesen – AlHamduLillah, schrieb mir grad meine Schwester aus dem fernen Orient, als ich ihr tipperte, dass der letzte Termin meines Nachsorgepaketes heute bei meiner Operateurin ein breites Grinsen auf ihr Gesicht zauberte. Es ist alles OK. So möge es bleiben. Psychoonkologie war heute auch, mal wieder voller Erkenntnisse, in meinem Kopf geht grad die Post ab. Und ich bin völlig erschöpft irgendwie. Muss mich jetzt legen, mein kleiner Hund liegt schon und wartet.

Mittwoch, 29. August

Derzeit hat mein Gehirn einiges zu tun, es bewertet Situationen neu. Darum träume ich auch so viel von meiner Mutter und von Oma, ihrer Mutter. Das war heute Thema bei der Psychoonkologin, das "dunkle Geheimnis" meiner mütterlichen Familie. Habe wieder in meiner Fotokiste gekramt und ein Foto gefunden, da bin ich Mitte 20, habe grad angefangen Jura zu studieren, lebte in einer WG und fand das Leben sehr spannend. Das ist jetzt fast 30 Jahre und einen Krebs her. War heute im Marienhospital, bei meiner Operateurin. Die sehr zuversichtlich ist. Ich fühle mich auch sehr zuversichtlich. Damals, in meiner WG-Küche, da hätte ich nie gedacht, was ich mal alles durchleben muss. Aber so ist es. Und morgen, morgen habe ich einen Steuerberatertermin, das sind die wahren Herausforderungen des Lebens!!

Donnerstag, 30. August

Ha!! Da soll noch mal einer was sagen, von wegen alt und so!! Also, heute habe ich das Ergebnis der Knochendichtemessung bekommen, weil ich muss doch diese Aromatasehemmer nehmen, fünf Jahre lang, und da besteht leider die Gefahr der Osteopipapo oder wie das Zeug alles heißt, jedenfalls hat man nun herausgefunden, dass meine Knochendichte weit oberhalb der Normwerte ist, also besser als besser. Noch besser eigentlich und für mein Alter ungewöhnlich. Das ist wie mit meinem linken Ohr. Ich habe nämlich ein junges Ohr. Ehrlich. Ich höre links Geräusche, die man mit 16 hört, ich höre Fernseher fiepen, Akkus surren, Fernbedienungen piepsen, all das, was in meinem Alter kein Mensch mehr hört, ich höre es, mit links. Also mit dem linken Ohr. Das scheint jung geblieben zu sein. Der Ohrenarzt war fasziniert, ich nicht, weil es UNGLAUBLICH NERVT all diese Töne zu hören. Mein Mitbewohner hält mich zuweilen für leicht hysterisch, wenn ich mal wieder durch die Bude schleiche und die Geräuschquelle suche, die mir auf den Keks geht. Er hört das alles nicht und er ist 20 Jahre jünger. Letztens hat er eine Zeitschaltuhr angebracht, ich wie Falschgeld durch die Gegend geschlichen, er hört ja nix, ich immer "hier fiept es!" und er mit genervtem Blick "hier fiept nix!" bis ihm diese Zeitschaltuhr einfiel. Rausgezogen, fiepen weg. Jung sein hat auch seinen Preis... höhöhöhöööö

...irgendwas fiept hier...

Nachschlag: habe soeben (23 Uhr) meinen Mitbewohner ins Krankenhaus gebracht, er hat am späten Nachmittag an Stromkabeln rumgefummelt und die falsche Sicherung rausgedreht... und nun wurde das Ziehen im linken Arm immer schlimmer... sei aber harmlos, nur zur Sicherheit... es wird wirklich nie langweilig in diesem Haus... seufz...

Sonntag, 2. September

Jahrestag! Heute vor einem Jahr fühlte ich meinen Knubbel das erste Mal und zum zweiten Mal innerhalb eines Jahres veränderte sich mein Leben grundlegend. In vier Tagen ist der 2. Todestag meines Mannes. Und es fällt mir heute irgendwie alles besonders schwer. Die Sonne scheint, es ist ein wunderschöner Tag. Mein Herz ist schwer.

Montag, 3. September

Heute geht es mir schwer, die letzten Tage eigentlich geht es mir schwer, aus den bekannten Gründen. Mir fällt auch alles schwer. Morgen der Termin beim Kiefer-Chirurgen, nächste Woche dann wird es ernst. Boah wie mir das im Magen liegt. Jahrestage, im September sind diese Jahrestage, da muss ich durch. Bis auf die Zähne ist sonst alles ok und ich könnte frohlocken, doch mir ist nicht nach frohlocken. Mir ist erschöpfungsdepressionig. Es kommen auch wieder bessere Tage. Ganz bestimmt. Und der Mond scheint in mein Fenster und das ist eine tolle Stimmung. Muss dringend noch Rechnungen überweisen, neue Arztrechnungen einreichen, es ist wie zähflüssiges Blei, ich lege mich jetzt einfach mit meinem Krimi ins Bett. Boah wie mir das derzeit alles schwer fällt. Krass schwer.

Dienstag, 4. September

Heute morgen also der Besprechungstermin beim Kiefer-Chirurgen, der mir vier gesunde Schneidezähne wegnehmen wird, weil doch mein Kieferknochen... aaaaaaah... jedenfalls kenne er das, Bestrahlung, Aromatasehemmer und Chemo und... der ganze Mist und manchmal kriegt der Kieferknochen dann halt den Schlag der Schläge und Schluss ist mit Lustig bzw. mit den Zähnen. Der Mann war sachlich und doch verständnisvoll und äußerst kompetent. Das hat mir viel geholfen, es ging mir schlagartig besser, in diese Hände begebe ich mich gerne. Er konnte dann auch verstehen, wieso ich eine Narkose haben möchte, also so eine, wo ich nix mehr mitkriege, weil die letzten Jahre einfach zu viel für mich waren. Jetzt nicht auch das noch. Er verstand das. Ich fühlte mich aufgehoben und angenommen und nächsten Dienstag um diese Zeit sitze ich mit dem vorläufigen Kunstgedöne da, kann wahrscheinlich noch nicht sprechen und hadere mit der Welt. Das endgültige Teleskopschienenfragmichwie wird dann später eingebaut. So, ich werde mich jetzt mal der gefühlten hunderttausend Arztrechnungen widmen, die noch abgerechnet, überwiesen oder was auch immer werden wollen. Im Garten mit Notebook und frischen Blumen lässt sich so manches ertragen. Oder doch Sofa?

Donnerstag, 6. September

Hajos Todestag. Es war ein schwerer Tag. Ich bin geschafft. Abschied tut weh. Immer und immer wieder. Auch zwei Jahre danach.

Samstag, 8. September

Auf meinem Computer habe ich ein Verzeichnis das heißt "Krankheitsweg" und da habe ich nahezu 450 Fotos gesammelt aus der Zeit seit September 2011. Seit bei mir Brustkrebs diagnostiziert wurde. Heute habe ich darin ein wenig herumgestöbert. Einige Fotos von oben, wo ich meine wachsende Haarpracht fotografierte. Ein Foto ganz ohne Haare habe ich nicht, nicht weil ich das nicht wollte, sondern weil ich echt einfach nicht daran gedacht habe. Ich war ja zu der Zeit bei meinen Eltern im Wendland und da hatte ich anderes im Kopf als ein Foto. Ich denke in den letzten Tagen viel über meinen Krankheitsweg nach. Keine schlimmen Gedanken, einfach nur so Gedanken. Was habe ich erlebt, wie ging es mir, was war da alles gewesen.

Und ich habe dabei das Gefühl, ich habe viel geschafft. Ich habe einiges erreicht, ich bin den Weg gegangen und ich habe keinen Schritt gescheut. Krass, aber so viel Kraft und Mut habe ich mir eigentlich nie zugetraut. Da kommt ein Krebs daher und zeigt mir, was ich alles kann. Schon sonderbar. Ich führe ein anderes Leben als vorher, und es ist nicht schlechter, nein, ich traue mich zu behaupten, es ist besser. Nicht leichter. Besser. Intensiver. Genauer. Ehrlicher. Kompromissloser. Richtiger. Hört sich jetzt alles sehr hochtrabend an vielleicht, aber ich fühle es genau so. Und noch was Gutes, es gibt Dinge, die machten mich vorher unsicher, ich war deswegen sorgenvoll und oft fühlte ich mich problembehaftet. Das liebe Geld ist nur ein Beispiel. Diese Probleme sind nun weg. Ich habe weder weniger noch mehr Geld zur Verfügung, dennoch habe ich das Gefühl, es reicht völlig aus. Es ist genug. Weil es mich nicht mehr interessiert. Wie soll ich das erklären, es ist so, dass es dieses Problem nicht mehr gibt. Für all diese Dinge werden sich Lösungen finden. Es gibt wichtigeres. Ich hatte früher immer Angst, ob ich hinkomme, ob es reicht. Daran denke ich jetzt gar nicht mehr. Ich will leben. Und wenn nicht hier, dann woanders. Aber leben. Mit meinen Freunden, meinen geliebten Tieren, mit Menschen, die mir wichtig sind. Und der Rest, der ist mir so gleich-gültig geworden, nicht egal, ich meine es im Wortsinne, die gleiche Gültigkeit wie vieles andere, aber eben auch nicht mehr. Mein Krankheitsweg ist wirklich oft sonderbar. Aber er ist wichtig, er ist mir wichtig.

Dienstag, 11. September

So, der Kieferchirurg ist überstanden, hab grad noch mit dem Anästhesisten telefoniert, der wissen wollte, wie es mir geht. Echt nett. Jedenfalls geht es mir gut. Wie ich mich fühle sage ich nicht... ICH FÜHLE MICH BESCHISSEN. Provisorium im Mund, fühlt sich an, als habe ich mir einen Kaugummi unter den Gaumen geklebt. Bevor nun die endgültigen Ersatzteile kommen, muss ja erst alles abheilen. Was für ein Weg! Was für eine elendige Mühsal! Jammer! Jammer! JAMMER! NOCHMAL

JAMMER! So, genug gejammert und selbst bemitleidet, jetzt mache ich mir Tomatensüppchen. Das kann man schlürfen. Boah fühle ich mich alt und kröchelig.

Mittwoch, 12 September

Heute denke ich an Abschiede. Krame wieder in der Fotokiste. Mein altes Büro. Gibt es nicht mehr. Weder die Möbel, noch das Zimmer, alles weg. Wir waren in dem alten Ministeriumsgebäude so glücklich, vorbei. Alles hat sich geändert. Mein Mann ist gestorben. Ich bekam Krebs. Meine Mutter Alzheimer. Gestern habe ich meine Zähne verloren. Mutter kommt demnächst in eine Demenz-WG, weil sie nicht mehr zu Hause wohnen kann. Wieder ein Abschied. Lauter Abschiede. Soviel geht vorbei. So viel muss ich loslassen. Heute Kontrolltermin bei meiner Zahnärztin, alles ok. Boah war das schrecklich, das Provisorium rausnehmen, schrecklich, wie eine alte schrumpelige Hexe kam ich mir vor. Furchtbar. Schrecklich. Schlimm. Heute ist ein Furchtbarschrecklichschlimmtag. Weil ich an all die Abschiede denke, an all das Vergangene. Als ich noch in dem alten Büro saß, als meine Welt noch vermeintlich in Ordnung war, wie ging es mir da eigentlich? Kann man so was vergessen? Es geht mir heute besser. Skurril, aber wahr. Vielleicht auch, weil ich endlich diese Furchtbarschrecklichschlimmtage zulassen kann. Das mit meiner Mutter geht mir dennoch sehr nahe. Lange mit Vater telefoniert. Der alles tapfer trägt. Ich muss ins Bett, sonst verfalle ich noch restlos einer depressiven Stimmung. Morgen wieder Zahnarzt. Alt werden ist nicht einfach. Und mit ohne Zähne schon gar nicht!

Samstag, 15. September

Bin im Internet auf die Seite des amerikanischen Fotografen David Jay gestoßen, eigentlich Modefotograf, und als eine Freundin mit 32 an Brustkrebs erkrankte, startete er mit einem Projekt „The SCAR Project“ und fotografierte verdammt mutige

Frauen, die ich sehr bewundere und denen ich mich verbunden fühle. Ich habe lange über die Fotos nachgedacht, nicht über die operierten Brüste, sondern über die Blicke der Frauen. Mit denen ich das gleiche Schicksal der Diagnose Brustkrebs teile. Jede erlebt das anders und hat auch andere Voraussetzungen. Jede muss sich damit auseinander setzen, dass das Leben so erst mal nicht weiter geht. Weil man weiß ja zunächst nicht, was genau habe ich, wie genau ist es, was genau muss getan werden, was ist notwendig, Chemo? Womit muss ich mich auseinander setzen? Was erwartet mich? Wie ertrage ich die Behandlungen? Wird es mir sehr schlecht gehen? Letztens saß ich zur Nachkontrolle bei meiner Operateurin und war guter Dinge. Hatte an dem Tag noch einiges vor und freute mich darauf. Dann kam eine Frau mit ihrem Mann. Höchstens mein Alter, vielleicht etwas jünger. Dieser verzweifelte hoffnungslose Blick. Aus den Gesprächen hörte ich, dass "nur" die Diagnose stand, was genau und wie und so weiter noch nicht. Ich hätte ihr am liebsten gesagt, sei bitte nicht so hoffnungslos, warte doch erst mal ab... aber ich traute mich nicht, ihre Angst mit meiner Tagesfröhlichkeit zu übertünchen. Nichts ist furchtbarer, als in den Momenten der Angst gesagt zu bekommen, dass doch alles nicht so schlimm ist... So schwieg ich und dachte daran, dass jeder Mensch seine eigene Art hat, mit seinem Leben, mit der Diagnose Krebs umzugehen. Und auch das Recht darauf. Und als ich heute die Blicke der Frauen sah, habe ich wieder daran gedacht. Was macht diese Diagnose mit uns? Wie gehen wir damit um? Wer hilft uns wirklich? Meine Zahnprobleme sind daneben so klein. Außerdem werden sie wirklich immer kleiner. Kann jetzt das Provisorikum (so sagt mein Vater immer dazu, finde ich lustig) selber rausnehmen und grinse dann in den Spiegel und denke an eine alte Hexe, aber mit Provisorikum sieht richtig gut aus. Muss noch einige Monate damit rumlaufen, bis der Kiefer sich abgearbeitet hat und die Anpassungsprozedur der endgültigen Teile fertig ist. Das dauert nämlich, weil es Millimillimillimeter genau sitzen muss. Wenn ich dann abends im Bett liege, die geputzten Ersatzteile schützend um meinen arbeitenden Kiefer geklemmt, auf der Seite liege und den Port spüre, dann denke ich, warste nicht erst gestern noch jung und wolltest die Welt erobern... Höhöhöhöööö so kann es kommen!

Sonntag, 23. September

Ich habe ein Buch, darin hat jeder Tag im Jahr eine Spalte auf einer Seite, auf Seite 1 ist also der 1. Januar, Spalte 1 von 2009 bis Spalte 10 und somit das Jahr 2018. Ich bin also jetzt in der 4. Spalte angekommen, weil wir 2012 haben. Gestern sah das ungefähr so aus:

22. September

2009

Hajo und ich waren in einem wunderschönen Lokal in Lindelbrunn in der Pfalz und haben dort die Seele baumeln lassen, es ging uns gut

2010

Mein Mitbewohner hat Hajos Waffe gefunden, mit der er offensichtlich seinem Leben ein Ende setzen wollte

2011

Untersuchungen im Marienhospital, alles soweit ok, "nur" Tumor in der Brust, weiter zum Glück nix, gutes Gespräch mit meinem Professor

2012

Provisorium der Zähne wackelt, sonst alles ok, ruhiger Abend in meinem Zimmer

Was für ein Auf und Ab!! 2009 der glückliche Urlaub, wir waren in Hajos und mittlerweile auch meiner geliebten Pfalz so glücklich, haben die kleinen Lokalchen so geliebt und oft Stunde um Stunde dort gesessen und sind oftmals einfach nur still gewesen und zufrieden. Trotz seiner Erkrankung, die dort ebenso scheint's Urlaub hatte, wenn es ihm auch zusehends schlechter ging. Ein Jahr später und nach einer weiteren dramatischen Verschlechterung seiner Erkrankung war er grad gestorben, mein neuer Mitbewohner, unser langjähriger guter Freund, hatte auf Hajos Schreibtisch eine geladene und entsicherte Waffe gefunden (ich habe Hajos Zimmer bis dahin nicht betreten können, was für ein Glück), ihm fehlte offensichtlich immer mehr die Kraft weiter zu leben. Und wieder ein Jahr später muss ich mich mit meiner

Krebserkrankung auseinander setzen, an dem Tag war es ein guter Tag, weil feststand, dass nichts weiter gefunden wurde. Und heute muss ich mich mit meinen Zähnen befassen, dem Provisorium, bis endlich das Endgültige kommt. Warum wundere ich mich eigentlich, dass ich erschöpft bin? ICH BIN ERSCHÖPFT. Wollte ich nur mal laut sagen, damit ich es mir auch glaube.

Dienstag, 25. September

Ich war bis eben in einer Notfallpraxis, mitten in der Nacht, meine Pillchen habe ich schon intus, nun lege ich mich. Bin erledigt. Blasenentzündung. Ist das unangenehm. Der Arzt, ein lustiger älterer Tscheche, fragte, ob ich das öfters hätte. Nein, einmal erst, in der Kindheit. Grinst mich an und meint, ist das lange her? Nö, sag ich, eigentlich nicht und grinse dreckig zurück. Der gefällt mir. Naja, hab zu Hause noch gedacht, ich halte das bis morgen aus, gehe dann zu meinem Hausarzt, aber es tat immer weher und dann auch noch Blut... ich sah mich schon sterben... Drama... Gut, so isset. Kein Drama, einfach Blasenentzündung. Wie kommt man an so eine Sch... ? Provisorikum ist nachgestellt, wackelt nicht mehr, sieht immer noch gut aus. Mannomann, was bin ich eine alte Schabracke mit Zipperlein und Zupperlein und Kunstgrinsen und Krebs und Blasenentzündung und noch was? Ich finde DAS REICHT. Blasenentzündungsupdate: Medikamente haben angeschlagen, es geht mir besser, kein Blut, wie gut!

Freitag, 5. Oktober

Jahrestag der Brust-OP!! Lege mich jetzt erschöpft ins Bett, ein Jahr, was für ein Jahr!!

Dienstag, 9. Oktober

Meine psychoonkologische Therapie macht Fortschritte. Ich trage grad Siebenmeilen-Stiefel, so kommt es mir vor. Auch wenn noch einiges im Nebel liegt, ein Zentralwort hat sich jetzt ans Licht gewagt, das Wort: Schwäche. Puh was war das ein Akt. Der Akt hat mich Kraft gekostet, ich liege derzeit auf den Brettern der Seele, den Seelenbrettern, es hat mich sozusagen dahingebrettert. Jetzt muss ich wieder aufstehen. Ich stehe wieder auf. Ich stehe immer wieder auf. Das haben Menschen mit ohne Schwäche so an sich. Und: ich gehe morgen zum Friseur. JAAAAAAA es ist wieder so weit, man kann meinen Haaren eine Frisur verpassen. Ich weiß noch, wie ich hier saß, wo ich jetzt sitze, auf dem Sessel mit dem Notebook und auf dem Kopf eine Mütze und wie ich dachte, was freue ich mich, wenn das endlich vorbei ist... Es ist vorbei. Ich seh wieder aus wie normal. Und normale Zähne habe ich nun auch. Dass sie ein Kunstwerk sind, das sieht man nicht. Die sehen verdammt echt aus. Die noch verdammt echter aussehenden, die kommen im Januar erst. Wenn sich der Kiefer beruhigt hat. Bis dahin beruhige ich mich in Gänze, bin wahrscheinlich schon x mal wieder aufgestanden und dahingebrettert, aber das macht nichts, so ist das Leben. Und jetzt habe ich Hunger. Fisch, Pü und leckere Sauce stehen heute auf meinem Plan.

Samstag, 13. Oktober

Heute hatte ich mein Interview für das Projekt „Krankheitserfahrungen“ der Charité in Berlin. Dort erzählen Menschen von ihrem Leben zwischen Gesundheit und Krankheit, welche Erfahrungen sie mit der Medizin machen, wie sich ihr Alltag verändert und welche Unterstützung sie erhalten. Das wird dann als Text oder Video im Internet veröffentlicht. Und die suchten nun Frauen mit Brustkrebs, die bereit sind, von ihren Erfahrungen zu erzählen. Da habe ich mich gemeldet. Das war echt spannend, Krankheit mal ganz anders zu erleben und davon zu erzählen.

Samstag, 14. Oktober

Grad kam aus der Küche ein Knall, Päng!! und dann war die Teekanne kaputt, Fine Bone China, zu Deutsch: feines Knochenporzellan. Tatsächlich, heißt so, was edles Englisches, habe ich mir damals gekauft, als ich die Sprachenschule in Brighton besuchte und meinen Mann kennen lernte. Sie hat den Flug nach Deutschland überstanden, sie hat Umzüge überstanden, aber meine Schusseligkeit, vergessen die Kerze im Stövchen auszublasen, obwohl kein Tee mehr drinne ist, die hat sie nicht überstanden. Päng!! Nu isse hin.

Donnerstag, 18. Oktober

Denke über mein Zuhause nach. Meine Großeltern und deren Sohn, mein Vater, bauten 1952 dieses Haus, in dem ich jetzt lebe. Ich verbrachte dort eine sehr glückliche Kindheit bei meinen Großeltern. Es ist seither viel passiert. Aber es war immer mein zu Hause. In jedem Zimmer lagen meine Legosteine. Überall habe ich gespielt, tatsächlich überall. Ich liebe dieses Haus. Es gehört nun schon länger mir. Nein, nicht der Bank, mir. Es ist mein Haus. Mein Zuhause. Niemals habe ich mir vorstellen können, es zu verlassen. Warum auch. Hier gehöre ich hin. Und dann kam der Krebs. Und jetzt? Sitze ich bei der Psychoonkologin und denke laut über einen Verkauf nach, gehe ins Internet und finde eine kleine vollständig restaurierte Bauernkate (ein absoluter Traum!!) mitten im wunderbaren Ittertal für 700 Euronen warm. Also, was ist das da mit dem Leben und Veränderungen und Krebs und überhaupt? Krass ist das alles.

Samstag, 27. Oktober

Nicht nur, dass ich jetzt in die Weite schauen kann (der Nachbar hat 40 Jahre alte Tannen abgeholzt, die einen glauben lassen konnten, ich lebte mitten im Wald), was mir gar nicht so schlecht gefällt, doch familiäre Umstände machen es notwendig, dass mein geliebter Mitbewohner mich verlassen muss. Er zieht fort. Wir leiden derzeit beide, aber manchmal ist es einfach so, wie es ist. Wieder alles neu. Diesmal nicht nur in Gedanken, diesmal in echt. Ganz in echt. Boah ich habe mich so an ihn gewöhnt. Merke ich jetzt erst. Er ist noch da und fehlt mir trotzdem schon. Schrecklich. Ich dachte, es geht jetzt erst mal Jahre so weiter. Aber, wie heißt es: willst du Buddha zum lachen bringen, dann erzähle ihm von deinen Plänen. Hahahahahaha...

Dienstag, 30. Oktober

Mein Leben ändert sich grad zum dritten Mal innerhalb der letzten zwei Jahre grundlegend. Ich habe ja nun ein Haus, und es ist ja nun groß genug. Und da mein Mitbewohner mich verlässt, habe ich quasi eine Wohnung übrig. Und mein Vater hat lange überlegt, ob er mich fragen soll. Sagte er mir heute am Telefon. Er sei nun näher an der 80 als an der 70 und noch sei er fit und Mutter sei nun nicht mehr da und das Haus viel zu groß für ihn und dann der riesige Garten... Es kann also sein, oder vielleicht ist es wahrscheinlich, oder möglicherweise oder doch oder mal sehen... dann zieht er hier in dieses Haus, was im übrigen auch sein Elternhaus ist. Wir werden sehen, ich bin jetzt erst mal vier Wochen weg, Urlaub bei meiner Schwester. Ob das dort mit dem Internet klappt, werden wir sehen oder auch nicht. Aber ich schalte ab, tauche unter, bin dann mal wech...

Freitag, 30. November 2012

Heute bin ich zurück gekommen, der Alltag hat mich wieder. Habe mich gnadenlos erholt, das war so was von nötig, ich kann's gar nicht sagen wie, unglaublich sehr viel mehr und noch viel mehr... usw. Noch eins, hier ist mir klar geworden, so ab vom normalen Alltag, dass ich echt krank bin, war, was weiß ich, jedenfalls krank. Angeschlagen, das bleibt. Angeschlagen bleibt. Für immer. Es geht mir gut, jau, ist so, aber dieses angeschlagen sickert grad in meine Seele und das zuzulassen ist für Immeralleskönnenwollenmüssen-Menschen verdammt schwer. Und bald ist Weihnachten, stelle am Samstag mein Plastebäumchen auf, freu mich schon wie jeck!

Samstag, 8. Dezember

Ich habe mich so sehr erholt, dass ich jetzt nur noch stumm nicken kann... Habe einige Untersuchungen hinter mich gebracht, alles ist ok, es geht mir gut.

Dienstag, 11. Dezember

Gebimsel, das war eins der Lieblingsworte meines IT-Kollegen, wenn es um Dinge ging, die... eben anders waren. Oder mehr. Oder wuchtig. Oder wie auch immer, bei ihm war jedenfalls vieles einfach nur Gebimsel. Und zu meinem übervoll dekorierten Weihnachtswohnzimmer würde er mit Sicherheit Weihnachtsgebimsel sagen, ich liebe mein Weihnachtsgebimsel!! Es ist nun schon das dritte Weihnachten ohne meinen Mann und das zweite ohne meinen Tumor. Krass, oder? Das erste Weihnachtsfest ohne meinen Mann war mit Tumor, aber das wusste ich zu dem Zeitpunkt noch nicht. Auf was für Gedanken man so kommt, auch krass. Jedenfalls geht es mir ganz gut, ich kriege ja noch Herceptin verabreicht und das verursacht bei mir arge Knochenschmerzen. Aber so richtig arge. So argarge. Die ersten Tage sind furchtbar, so nach einer Woche geht es dann wieder. Ich komm dann kaum vom Sofa hoch, ehrlich. Wenn es ganz schlimm wird, nehme ich Schmerzmittel. Ich kriege dieses Zeug noch 2 oder 3 mal, dann ist auch das vorbei. Ich treibe dennoch fleißig Sport. Entweder mit der Gruppe draußen, Nordic Walking, mit den Stöcken das, oder drinnen auf meinem Cross-Trainer, den ich mir gegönnt habe. Und mit Hanteln wuchte ich auch ständig rum, das tut meinem operierten Arm gut. Ich fühle mich eigentlich wieder gut. Bin guter Dinge. Jedenfalls oft. Manchmal eben auch nicht. Meine Wohngemeinschaft löst sich auf, so bin ich nun bald alleine. Aber nicht lange, mein alter Vater zieht in die untere Etage. Mutter geht. Sie kann gar nichts mehr, sie ist schon fast nicht mehr da. Sie spricht nicht mehr und essen kann sie auch nicht mehr. Abschied. Für meinen Vater ist es derzeit sehr hart. Montag kommt meine Schwester mit ihren Kindern und dann fahren wir zu ihm, Weihnachten ohne mein Weihnachtsgebimsel, aber wir kriegen dort auch einen schönen Weihnachtsbaum. Wir werden Mutter besuchen, ob sie uns noch erkennt?

Tagebuch 2013

Donnerstag, 3. Januar

Weihnachten mit der Familie war schön. Weihnachten alleine geht ja gar nicht, jetzt bin ich wieder zu Hause und morgen kriege ich Herceptin. So ist das Leben. Meiner Mutter geht es schlecht, sie kann nichts mehr, gar nichts, sie erkennt uns nicht mehr und spricht nicht mehr und kann sich nicht mehr bewegen, nicht mehr aufstehen, nicht mehr gehen, nichts mehr greifen, nichts mehr essen, nichts mehr kann sie. Nur noch da sein. Es ist eine verdammte scheiß grausame Krankheit, dieses Alzheimer. Und dann flog meine Schwester davon und eine Nichte blieb übrig und die war mit noch mehr Mädels am Brandenburger Tor und tanzte Gangnam Style, muss toll gewesen sein, sie war jedenfalls hellauf begeistert!! Mein Vater verschwand um 10 im Bett, er hat so viel auszuhalten, er schafft kein Silvester, so war ich alleine und das war ok, habe mir im Fernsehen die Veranstaltung am Brandenburger Tor angeschaut und gehofft, ich seh meine Nichte. War aber nix. Um 2 bin ich dann auch ins Bett, zufrieden, wie alles bisher gelaufen ist, mit allem positiven und auch negativen der Krebsgeschichte. Dazu aber morgen mehr, ich bin müde.

Freitag, 4. Januar

Also das war eine Überraschung heute, als ich bei meinem OnkoDoc war und erfuhr, dass dies nun die letzte Herceptin-Infusion ist. DIE LETZTE??! Ich bin doch gar nicht auf Abschied eingestellt, wieso die letzte, und dann? Tja, so war es aber, es war die letzte, ich bin da wohl durcheinander geraten und nun fange ich so langsam an mich zu freuen. Die letzte Infusion!!! Was für eine Erleichterung!!! Denn das war etwas von dem Negativen, was mich ereilte, einmal meine Zahngeschichte, die noch nicht ausgestanden ist und dann die elendigen Knochenschmerzen. Holla die Waldfee!!!! Nach jeder Infusion kam ich mir vor wie eine alte kröchelige knorrige

Hexe, die gebeugt durch die Gegend schleicht. Zusammen mit meinen Aromatasehemmer hat das voll durchgeschlagen, Schmerzen in den Gelenken, ich bekomme oft kaum eine Wasserflasche auf und vom Stuhl aufstehen gestaltet sich oft wirklich schwierig. Wenn ich mich bewege, dann ist es, als habe ich nichts, aber vom sitzen in den Stand, grausam. Das wird jetzt hoffentlich bald weniger, ok, die Aromatasehemmer verursachen auch Knochenschmerzen, aber am schlimmsten war es immer nach den Herceptin-Infusionen. Und die sind ja nun um. Ich kann es noch gar nicht fassen, was für ein Weg! Eben, als ich mit meinem kleinen Hund ging (die große ist wieder bei meiner Freundin), da habe ich daran gedacht, wie ich den Krebs entdeckte, wie das war, was dann kam, die ganzen Termine, das Glück, einen Professor zu haben als Lotsen, die schnelle OP, die gute Operateurin, damals fühlte ich mich gut aufgehoben, es ging mir da wirklich gut. Dann kam die Chemo, die auch ok war. Dann fing das Herceptin an. Die Bestrahlung schaffte mich, aber ich habe sie auch gepackt. Und jetzt ist wieder ein Abschnitt um. Manchmal kommt es mir so unglaublich vor, Krebs, das ist doch gar nicht möglich, das ist doch ein Film, der stimmt doch gar nicht… Ich trau mich gar nicht zu sagen, dass es mir gut geht. Klar, den Umständen entsprechend gut. Ich bin krebskrank. Oder ich war krebskrank? Wie drückt man es aus? Ich war krebskrank. Ich hoffe, dass dieser Satz so bleibt. Ich leide immer noch unter den Nachwirkungen der Bestrahlung, ich litt sehr unter Herceptin, ich leide unter den Aromatasehemmer, aber das sind alles Begleiterscheinungen, die ich in kauf nehme, was bleibt mir auch anderes, die ertrage ich, wenn es weiter nichts ist, dann ertrage ich es. Nebenwirkungen als da sind: Knochenschmerzen, elendige Knochenschmerzen. Dann Konzentrationsschwäche, ich vergesse viel und ich verwechsele viel, in der Schule nannte man das Flüchtigkeitsfehler. Jetzt sind es Krebsfehler. Ich weiß gar nicht, wie das gehen soll, einen ganzen Tag arbeiten, weil ich ja schon nach zwei Stunden Beihilfe beantragen am Rand bin. Aber dafür ist ja eine Wiedereingliederung gut, langsam anfangen und stetig steigern. Ich freu mich so auf die Arbeit, ein Stück Normalität zurück gewinnen. Aber weiter mit den Nebenwirkungen: ständig aufs Klo, nachts wenigstens vier Mal. Da ich, GOTT SEI DANK, keine Schlafstörungen habe, wanke ich aufs Klo und wieder zurück und schlafe augenblicklich wieder ein. Außerdem: der Kieferknochen wird immer weniger, gesunde Zähne fallen aus, ich brauche umfassenden Zahnersatz. Noch was? Mir fällt nix ein, aber ich finde, das reicht. Ich habe keine Hitzewallungen, was ein Segen ist. Und alles andere ertrage ich, was bleibt mir auch. Ich kann mich damit arrangieren, ich weiß ja, wofür ich es tue. Ich will wieder gesund werden, also ertrage ich es. Was für ein Weg. Gestern kam mir in den Sinn, dass der Krebs meinem Leben einen Rahmen gegeben hat. So fühle ich es. Er hat mir das vor Augen geführt, was uns alle betrifft, ob nun mit oder ohne Krebs oder was auch immer: die Endlichkeit. Wir tun immer so, als ginge alles ewig, aber das geht es nicht. Der Krebs hat mich gelehrt, meinen Alltag zu lieben. Hört sich bestimmt völlig abgedreht an, ist aber wirklich so. Jeden Tag liebe ich, jeden einzelnen Tag. Dachte ich früher immer in großen Zusammenhängen, so sind es heute die Kleinigkeiten, ist es ein Tag für Tag. Der Krebs hat meinem Leben eine andere Richtung gegeben. Ich will das nicht bewerten, so von wegen, das war aber gut… es war einfach, so war es, und ich habe es angenommen. So, genug der Gedanken, Herceptin ist vorbei. Ich habe zwar wieder furchtbare Knochenschmerzen, aber die zelebriere ich jetzt!!

Montag, 9. Januar

Tja, habe ich nun Krebs oder hatte ich ihn? Mir erzählte jetzt eine Frau, sie habe nach der letzten erforderlichen Infusion den Port entfernen lassen, quasi um das Thema abzuschließen. Hm, ich lasse ihn genau deswegen drin. Aber irgendwann möchte ich ihn schon noch los werden. Ich glaube, es geht auch gar nicht um hatte oder haben oder hätte täte täterätätäääå sondern darum, wie jede für sich mit der Krankheit umgeht. Die eine will den Port sofort los werden, die andere lässt ihn drin, die nächste macht dies und wieder die nächste das. Ich glaube, da gibt es kein falsch und kein richtig. Sondern nur das, was man selber will. Ich habe festgestellt, wenn mich jemand fragt, wie es mir geht und ich sage, ich habe Krebs, dann geht es manchmal richtig ab, weil dann bei manchem Gegenüber schlimme Ängste hochkommen. Sage ich, ich hatte… dann hört sich das so an wie eeeeeewig her, darum sage ich jetzt immer, ich bin in der Krebsnachsorge. Das fühlt sich für mich richtig an. Letztendlich gibt es nur ein eigenes richtig. Was für mich richtig ist. Was ich für mich für richtig halte. Heute leide ich. Nicht an hätte oder täte sondern an echtem ZAHNWEH! Gestern abschleifen, heute Abdrücke, und weil ich doch so ein angegriffenes Zahnfleisch habe, musste extra… es tat jedenfalls weh und ich bin noch betäubt und Tee trinken geht grad so, aber wirklich nur grad. Nächste Woche geht es weiter. Ich fühle mich arg gebeutelt.

Montag, 21. Januar

Wir waren doch zu Weihnachten im Wendland bei meinem Vater, was einerseits sehr schön war, andererseits aber den Abschied von Mutter deutlicher den je werden lässt. Das ist etwas, was mir sehr schwer fällt. Und wenn ich meinen Vater tapfer mit dem Unvermeidlichen kämpfen sehe, fällt es mir nochmal so schwer. Dann kam meine Nachsorge, die ist ja immer sehr entzerrt, ich habe nicht alle Termine auf einmal, sondern immer mal wieder einen Termin. Nun stand die Mammografie an. Sonografie war schon. Alles war in Ordnung, alle waren zufrieden. Und meine Zähne machen sich auch gut, auch wenn ich noch mittendrin bin in der Behandlung. Also Mammografie. Ich habe ja das Glück, dass ich diese gar nicht merke, also das Gequetsche tut mir nicht weh, was wirklich ein Glück ist. Dann kam also der Chefarzt und sagte, soweit alles ok, die operierte Seite wunderbar, auf der anderen Seite eine "Verdichtung". Kontrollsonografie. Nix. Hätte er sich gedacht, aber zur Sicherheit MRT. Verdichtung? Sicherheit? MRT? Ich war verworren, was denn nun, ist da was oder ist da nix oder ist was nichts oder nichts was? Er erklärte es mir, verstanden habe ich nicht viel. Umrechnung von dreidimensional auf zweidimensional und Datenmenge und Rechenleistung und so weiter und so fort, ok, ich komme vom Fach, ich verstehe das IT-Chinesisch, aber was hat das mit mir und meiner Brust zu tun? Ich solle mir doch bitte keine grauen Haare wachsen lassen...

aha, doch die habe ich reichlich, der Rat half mir also auch nicht weiter. Nun gut, zwei Tage später kam der Arztbrief, rechtzeitig zum Termin bei meiner Psychoonkologin, die es mir erklärte. Da ist in der Tat nichts, worüber es sich nachzudenken lohnt, da könnte was sein, eventuell Kalk. Und das müsse dann beobachtet werden. Da ich sowieso beobachtet werden muss und mich eh beobachtet fühle, ändert sich erst mal nichts. Aber noch ist ja auch gar nicht klar, ob da wirklich was ist oder doch nur eine Datenverdichtung. Und daran sieht man, dass man, selbst wenn man es hatte, es trotzdem immer noch hat. Hat oder hätte, da ist immer was, es begleitet einen immer. Ob man es hatte oder hätte oder täterätätäää - es wird einen nun auf immer und ewig begleiten. Was für eine prickelnde Aussicht. Fassen wir also zusammen: es geht mir recht gut. Soweit. Die Zahngeschichte ist mittendrin, ich leide mal mehr und mal weniger und bald hoffentlich gar nicht mehr, Kalk rieselt oder nicht, muss beobachtet werden, ich werde ständig beobachtet, Krebs ist eine ständige Beobachtung des Lebens, Krebs ist ein Teil des Lebens, Krebs ist Leben. Ob man ihn nun (noch) hat oder nicht oder was auch immer, das Leben geht weiter. Täterätä. Rede ich wirr? Mag sein. So fühle ich mich auch zuweilen, wirr. Aber diesmal positiv wirr. Doch das erkläre ich später, ich muss jetzt Arztrechnungen einreichen, überweisen, kopieren... eine Tätigkeit, die ich bekanntlich hasse. Und was das Täterätä anbelangt, bald ist Karneval. Ich lebe im Rheinland. Da kann man dem nur entkommen, wenn man sich eingräbt.

Donnerstag, 31. Januar

Sitze hier mit betäubtem Oberkiefer. Kann keinen Kaffee trinken. Fühle mich schrecklich. Surfe im Internet. Filmchen. Ablenken. Geht ganz gut.

Dienstag, 12. Februar

Bin zahnmäßig im Dauereinsatz, nahezu täglich wenigstens einen Termin. Ich will da jetzt nur durch.

Dienstag, 19. Februar

Sitze mit Triefnase in meinem Zimmer, tippe mit Gelenkschmerzen in meinen Computer, aber die Welt soll es wissen, nämlich dass mir diese vermaledeite Grippe so was von egal ist, ich bin fast glücklich darüber, weil nämlich, ich habe eben mit meinem Professor gesprochen und der hatte alle Untersuchungsergebnisse nun da, MRT und so, und was sagt er? Er sagt: kein Krebs gar nirgendwo!! So möge es bleiben, ich bin's froh und zufrieden, auch wenn mein Brummschädel eigentlich anderes will als Zufriedenheitsgefühle ausstrahlen. Und morgen zieht mein Mitbewohner aus und dann bin ich erst mal alleine. Alleine aber gut drauf!! YEAH!!

Samstag, 23. Februar

Zwei Tage habe ich, obwohl ich es nicht hätte sollen, rein grippemäßig betrachtet, geschleppt. Eine leere IKEA-Tragetasche drei Treppen hinunter, eine volle wieder rauf. Warum ich so was tue? Eine längere Geschichte. Ich hatte nämlich bis vorvorgestern einen mir lieben Mitbewohner, er war Kollege, wurde Freund, musste kurzfristig umziehen und sollte die kleine Einliegerwohnung unterm Dach bekommen, weil doch mein kranker Mann kaum noch Treppen steigen konnte. Wir wollten da einiges verändern im Haus. Soweit kam es nicht, mein Mann starb. Und so richteten wir uns hier als Wohngemeinschaft ein, jeder eine eigene Etage und ganz unten eine gemeinsame WG-Etage. Und es war schön. Und nun zog er aus, was diverse gute Gründe im privaten Umfeld hat, sowohl bei ihm, als auch bei mir, was mit uns beiden nichts zu tun hat, mehr mit diversen Eltern und so weiter. Denn mein alter Vater braucht bald eine Bleibe in der Nähe seiner Töchter. Und da ist sein altes Elternhaus einfach wie geschaffen. Wie dem auch sei, unsere Wohnsituation trennte sich und mein Leben nahm wieder eine Wendung, wieder neu, wieder Abschied. Ich haderte sehr damit. Das große Haus jetzt erst mal eine Weile für mich alleine, wieder umräumen, denn mit meinem Vater mag ich keine WG leben, so gerne ich ihn habe, aber WG ist nicht gut. Also die untere Etage auflösen, die kriegt mein Vater, die obere behalte ich sowieso und die Einliegerwohnung wird mein Büro. Ich haderte. Wir hatten es uns so schön gemacht. Wunderschön. Ich habe das Haus renoviert, Fenster und Fußböden und Elektro und was man so alles neu machen muss und so sollte es bleiben, so sollte es Jaaaaaaahre bleiben, Jahrzehnte... und es sollte Ruhe einkehren... wenn du Buddha zum lachen bringen willst, erzähle ihm von Deinen Plänen... und ich bekam Krebs. Kaum habe ich da die wichtigsten Etappen geschafft, OP, Chemo, Bestrahlung, kaum kehrt jetzt ein wenig Ruhe ein, kommt der Auszug. Ich haderte. Ich haderte fürchterlich. Aber es musste sein, es ergab Sinn. Für uns beide. Unabhängig voneinander, familientechnisch gesehen. Und dann kam der Auszug, alles lief glatt, ich brachte ihn zur neuen Wohnung, fuhr dem Möbelwagen hinterher, ist zum Glück nicht weit, und fuhr nach Hause. Schaute mir nun "meine" neue Etage an und dachte, also gut, ziehste wieder hier ein... Und da sitze ich nun, auf dem schwarzen Bürostuhl, an meinem Computer, und ich kann es nicht beschreiben, wie zufrieden ich bin. Ich hätte niemals, ABSOLUT NIEMALS gedacht, dass ich mich in dem Haus alleine so wohl fühle. Ich wollte nie alleine leben, nie, WG war schon immer meine bevorzugte Wohnsituation, ich habe in so vielen WG's gelebt, ich finde das einfach nur gut, und das große Haus war ideal dafür und dort sollte ich nun alleine leben? ES IST GROSSARTIG!! Es ist einfach nur großartig, ich bin erstaunt über mich selber, ich dachte, wenn ich alleine bin, habe ich Angst, wenn ich in den Keller gehe oder so, nix, absolut nix, ich fühle mich einfach nur wohl in diesem Haus wo ich jetzt ganz alleine das sagen habe und wo ich mich nun quasi neu einrichte. Ich habe so gehadert, ich hatte so Sorgen, alleine in dem Haus, wieder ein neuer Lebensabschnitt, wieder alles neu... und nun sitze ich hier und bin einfach nur glücklich und kann noch gar nicht richtig verstehen, warum das so ist. Und in dem Zimmer hier unter dem Dach, da gab es ganz früher mal ein Bild von Gott, ehrlich, gab es, ich habe es diverser Umstände wegen nur nie zu sehen bekommen.

Das war nämlich so: 1952 bauten meine Großeltern ein Haus. In einem Dorf, was noch keins war. Weil es da nur zwei Straßen gab. Die eine und die andere, und da wohnten wir. Naja, Straße ich falsch, es waren Kieswege. 1000 qm Land war bei jedem Haus dabei, heute fast unvorstellbar. Zumal für die Gegend, 15 km von Düsseldorf entfernt. Als ich geboren wurde, 1959, gab es nicht viel mehr, nur dass die Siedler, so wurden sie genannt, nun gute und ertragreiche Gärten hatten. Das brauchten sie auch, weil sie ihre "Waren" tauschen mussten. Geschäfte gab es keine. Meine Großeltern bauten Kartoffeln und Erdbeeren an. Und die Nachbarsfamilie hatte unter anderem Stachelbeeren, da standen wir als Kinder immer und pflückten die Sträucher leer... In der oberen Etage des Hauses wohnten Übersiedler, 12 Jahre Mietzeit, im Gegenzug waren die Baudarlehen verbilligt. Und von den Menschen damals konnte sich keiner ein teures Darlehen leisten, darum lebte in jedem Haus eine polnische Familie und darum liebe ich die polnisch-deutsche Aussprache heute noch sehr. Aber das ist eine andere Geschichte. Zurück zu meinem Büro. Dieses Zimmer war irgendwie mal alles. Ganz zu Anfang war es kein Zimmer, da war es ein Speicher und durch den Speicher führten dicke Kabel, die Stromleitungen. Die Häuser brauchten ja Strom. Und darum sind in den alten Siedlerhäuschen die Sicherungskästen auch in der oberen Etage. Weil der Strom ja von oben kam. Zum Speicher kam man über eine herunterklappbare Speichertreppe. Oma versuchte immer, diese Speichergänge vor mir zu verheimlichen, denn natürlich wollte ich mit. Und wenn ich mit durfte, weil ich sie "erwischt" hatte, dann musste sie mir alles erklären und ich wollte in jede Kiste schauen und jede Dose aufmachen und meist fand ich etwas, was sich zum spielen hervorragend eignete. Dann zog die Aussiedlerfamilie aus und meine Eltern zogen ein und weil die Wohnungen so klein waren und ich noch eine Schwester bekam, baute mein Vater das Dach zum Elternschlafzimmer um. Mit Rosentapeten. Das war meine Schulklasse, dort spielte ich nämlich immer Lehrerin und die Rosen waren meine Schüler. Dann wurde getauscht, das Elternschlafzimmer kam nach unten und wir Kinder zogen nach oben. Da wurden die Rosen dann mit Postern von Sweet und Urea Heep bedeckt, ich fand schon mit 12 langhaarige Männer klasse... aber das ist auch eine andere Geschichte. Tja und dann bauten meine Eltern ein eigenes Haus direkt neben das Haus der Großeltern und in die Wohnung zogen dann meine anderen Großeltern aus Berlin. Aus dem ehemaligen Speicher wurde ein Besucherschlafzimmer, wenn Oma Berlins Verwandte aus der DDR kamen. Und später schlief Oma Berlin da, weil Opa Berlin so furchtbar schnarchte. Und irgendwann wurde ich groß und zog fort. Tja, und wie das Leben so spielt, bekam ich eines schönen Tages eine Stelle in Düsseldorf. Da lebte meine Oma, die mit mir immer auf den Speicher ging, und beide Opas, schon nicht mehr. Und so fragte mein Vater, ob ich nicht vielleicht... Und so kam ich zurück. Aus dem Besucherschlafzimmer wurde mein Schlafzimmer. Nebenan hat mein Vater sogar eine kleine Toilette eingerichtet. Das Haus wurde noch oft geändert, weil Oma Berlin noch dort lebte und meine Tante und dann tauschten wir fröhlich die Zimmer, weil Oma Berlin konnte keine Treppen mehr steigen und was es sonst noch alles für Gründe gab. Und heute also lebe ich dort alleine. Und wie kommt Gott da ins Spiel? Nun, unten in der Küche meiner Oma, der Speicheroma, hing ein Bild von Maria, in blau, wie sie eine Treppe herabsteigt und die Hand zum Segen erhebt. Oma, die nie viel von Kirche gehalten hat, aber dennoch Heiligenbildchen liebte, musste mir immer und immer wieder die Geschichte von Maria, der Mutter Gottes, erklären. Das ist also die Mutter von Gott? Nun, sie hat es mir nie richtig begreiflich machen können, Jesus und Vater und Sohn und Gottes Sohn, das war mir alles zu hoch. Logisch denken konnte ich aber schon damals. Wenn es also ein Bild von der Mutter von Gott gibt, dann muss es auch ein Bild von Gott geben. Wo ist das? Irgendwann hat meine Oma meine Fragerei und mein Drängen nicht mehr ertragen und leichtsinnigerweise gesagt, das Bild von Gott liegt auf dem Speicher. Halleluja!! Da hatte sie aber was gesagt. Sie wurde mich fortan nicht mehr los und ich wollte unbedingt das Bild von Gott sehen. Sie hat alle Ausreden der Welt erfunden, um nicht mit mir auf den Speicher zu müssen und wenn ich sie doch wieder mal erwischte, musste sie ihr ganzes Geschick einsetzen, damit ich mich nicht an das Bild von Gott erinnerte. Ich habe das Bild bis heute nicht gefunden. Leider gibt es das Bild von Maria auch nicht mehr. Vielleicht hat meine Oma beides mitgenommen, denn ich bin mir sicher, dass sie im Himmel ist!

Mittwoch, 13. März

Mich hat erneut ein Magen-Darm-Virus erwischt. Die Pillen, dir mir direkt nach der Chemo, als ich das gleiche hatte, so geholfen haben, halfen jetzt nicht. Im Gegenteil, ich hatte das Gefühl, ich müsse jeden Augenblick implodieren, mir ging es so richtig besch... im wahrsten Sinne des Wortes. Dann habe ich die Teile abgesetzt und mir ging es schnell besser. Nur der Durchfall blieb. Bleibt. Heute dann wieder Doc und ihm von all dem berichtet, gibt's, meinte er, sei selten, aber gibt's, sicherheitshalber hat er mich gründlichst untersucht, Ultraschall, Milz, Bauchspeicheldrüse, Leber, Nieren, was gibt es da sonst noch so? Ach ja, Magen. Alles ok, alles so, wie es sein soll. Ich nehme schon seit ein paar Tagen so Hefekulturen, die wirken auch, aber laaaaaaaaangsamst, egal, ich bin ja nicht auf der Flucht. Wollte der Doc mir grad verschreiben, da hielt ich ihm die Packung unter die Nase. Auf so was komm ich dann schon selber. Nun, ich soll essen, wenig aber essen. Zwieback, Gemüsesuppe, ab und an mal ein Toast mit nix drauf, wenig, immer wenig. Wenigst. Und bis Freitag sollte es mir besser gehen. Na, wir werden sehen. Nebeneffekt: mir schlottern die Klamotten am Leib herum und eine Hose, die ich mir vor Jahren bei ebay viel zu klein gekauft hatte, passt nun wie angegossen. Tja, auch nett. Aber die Hefeteile scheinen ihre Arbeit zu tun, ich kann die Nacht durchschlafen, ohne aufs Klo rennen zu müssen, ich werde morgens wach und muss nicht gleich los düsen... es geht jetzt wieder, wenn auch der Durchfall immer noch da ist. Naja, da es mir aber ansonsten gut geht, auch kreislaufmäßig, ich trinke wie ein Loch, bin ich eigentlich guter Dinge. Und jetzt, wo ich weiß, dass inwendig alles in Ordnung zu sein scheint, jedenfalls nix schlimmes, fühle ich mich auch nicht mehr so elendig.

Donnerstag, 14. März

-Beinahe hätte ich es doch glatt übersehen: heute vor einem Jahr hatte ich die letzte Chemositzung!! Jahrestag!! Ich habe Jahrestag!!

Donnerstag, 28. März

Verbringe das Osterfest bei meinem Vater. Mein Wiedereingliederungstermin steht jetzt fest, am 9. April gehe ich wieder zur Arbeit. Wer hätte das gedacht!!

Montag, 8. April

Heute habe ich mich von meiner Mutter verabschiedet, ich weiß nicht, ob sie noch lebt, wenn ich das nächste mal ins Wendland fahre. Heute fand ich ein Foto, da waren wir grad beim Friseur gewesen, es ist zweieinhalb Jahre her, da war sie noch richtig gut drauf, zwar schon deutlich von Demenz gezeichnet, aber sie kriegte noch vieles mit und es ging ihr gut. Es war genau ein Jahr, bevor mein Krebs entdeckt wurde. Jetzt geht es ihr beschissen, anders kann ich es nicht ausdrücken, einfach nur beschissen. Sie liegt nur oder sitzt in ihrem Therapierollstuhl, kriegt nichts mehr mit, kann nicht mehr essen, nicht mehr sprechen, sie kann im Grunde gar nichts mehr. Ich bin nach Hause gekommen, die Sonne strahlte, es ging mir unglaublich gut. Ich fühle mich so wohl hier in meinem Haus, ich habe so viel geschafft, so viel erreicht, auch was den Krebs anbelangt, ich habe ihn in mein Leben integriert. Ich lebe mein Leben und ich lebe es gerne. Meine Mutter hatte auch Brustkrebs. Wir sind die ersten in unserer Familie, und wir haben uns tapfer geschlagen. Ich komme also heute nach Hause, da erfahre ich, dass die Nachbarin auf der Intensivstation liegt und ihre Schwiegertochter plötzlich und völlig unerwartet am Aneurysma gestorben ist. Die Kinder sind noch nicht erwachsen. Ich lebe mein Leben wirklich gerne und ich bin dankbar dafür, dass es so ist, wie es ist. Ich gehe meinen Weg. Dessen bin ich mir sicher. Die letzten Jahre waren nicht leicht, aber wenn ich eins weiß, dann das: ich gehe meinen Weg!

Sonntag, 14. April

Zwei Arbeitstage habe ich nun hinter mir, wobei ich das gar nicht Arbeitstage nennen möchte, weil ich doch nur 3 Stunden da bin, in Worten: drei. Dienstags und Donnerstags jeweils drei Stunden. Es fällt mir so schwer, mich mit den Gegebenheiten der Wiedereingliederung abzufinden, meine ich doch, ich müsste wieder "normal" funktionieren und normal ist bei mir ja perfekt. Und 3 Stunden an 2 Tagen, das soll perfekt sein? JA JA ICH WEISS, darauf kommt es bei der Wiedereingliederung gar nicht an, es ist ein Arbeitsversuch und mein Arzt und meine Psychoonkologin versuchen ihr Bestes, mir nahe zu bringen, dass ich KRANK BIN. Ich hatte/habe eine Belastungsdepression, die hatte ich schon länger und wegen derer war ich auch schon länger in einer psychosomatischen Klinik. Und obendrauf bekam ich dann Krebs und dann ging erst mal gar nichts mehr. Als mein Arzt die Wiedereingliederungsvereinbarung ausarbeitete und mir sagte, er schätze die Situation so ein, dass ich zunächst für zwei Tage die Woche drei Stunden... da dachte ich, hä? Was redet der? Was ist das? Arbeiten? Warum nur habe ich für alle Welt Verständnis aber für mich nicht? Wie auch immer, ich bin ja durchaus einsichtig und ok, dann machen wir es so, zwei Tage drei Stunden und das wird schon. Und so fing ich letzten Dienstag also an, voller Optimismus (der sich erhalten hat!! YEAH!!) und voller Zuversicht, dass diese drei Stunden bald Geschichte sein werden und wir das demnächst steigern werden... ich hatte noch gar nicht angefangen, da war ich schon am steigern. Ich kam also ins Büro und war fast zu Tränen gerührt über den herzlichen Empfang, den man mir bereitete. Durchweg alle Kolleginnen und Kollegen waren nett, hilfsbereit und freuten sich. Das war einfach nur schön. Ich hatte auch sofort wieder ein eigenes Zimmer (was bei der Raumknappheit in unserer

Behörde nicht selbstverständlich ist) und ein lieber Kollege aus meiner alten Abteilung half mir beim Einrichten. Meine Sachen waren noch in Rollcontainern im Keller. Und dann war der erste Tag auch schon um und ich fuhr nach Hause. Und zu Hause? Fiel ich aufs Sofa und war platt und hatte meine bekannten Warnsignale: Ohrgeräusche. Ich verstand die Welt nicht mehr, da war ich doch nur drei Stunden... und wieso bin ich platt? Und wieso Ohrgeräusche? Das war der Dienstag. Mittwoch waren die Ohrgeräusche weg und Donnerstag wieder drei Stunden. Vorher Psychoonkologin und mit ihr alles durchgesprochen. Wie ich mit den drei Stunden hadere, wie ich das immer noch nicht einschätzen kann, mich und die Krankheit, wie ich mich immer wieder überfordern will... und Donnerstag Nachmittag? WAR ICH PLATT. Aber so was von platt, so platt war ich schon lange nicht mehr. Aber keine Ohrgeräusche. Es geht also besser. Madame Perfektionisti hat dann eingesehen, dass das mit den drei Stunden durchaus seinen Sinn hat. Also ich habe es innerlich gespürt, ich kann einfach noch nicht voll arbeiten, ich bin sofort platt. Ich bin krank. Was für eine bahnbrechende Erkenntnis nach Zusammenbruch, Krebsdiagnose, Brust-OP, Chemotherapie, Bestrahlung, medikamentöse Krebsnachbehandlung... was für eine Erkenntnis!! Nun, ich füge mich also in mein Schicksal und halte das jetzt erst mal aus, diesen Arbeitsversuch, dieses "ich bin nicht perfekt" und das ganze Psychogedöne da in meinem Kopf und es ist ja nicht so, dass ich keinen Fortschritt spüre, ich werde tatsächlich langsam gelassener gegenüber den perfektionistischen Gedanken, die in meinem Kopf herumspuken. Ich freue mich auf die Arbeit, ich freue mich auf die Kolleginnen und Kollegen, auf das soziale Leben dort, auf meine Akten, meine Fälle, auf alles, und ich spüre ja auch, dass ich mehr nicht leisten kann. Ich habe noch meine Probleme damit, das einfach so zu akzeptieren, aber auch das kriege ich hin. Wozu gehe ich zur Psychoonkologin? Wozu habe ich einen Arzt? Die helfen mir, ich kriege das hin. Ich weiß ja auch, was es ist, was mich perfekt sein lassen will, so ist es ja nicht. So'ne Therapie fördert da schon einiges zu Tage. Aber es geht mir mal wieder nicht schnell genug, doch auch das werde ich lernen. Dafür, dass ich nach der Krebsdiagnose dachte, ich gehe niiiiiiiiieeeeee wieder arbeiten, ich schaffe es nicht, niemals mehr wieder... habe ich mich eigentlich gut gemacht!

Sonntag, 21. April

Ich war eben mit meinem kleinen Hund am Bach (die Große ist wieder bei meiner Freundin) und habe das erste Wiesenschaumkraut mitgebracht, was dieses Jahr blüht. Ich liebe Wiesenschaumkraut. Ich liebe diesen Bachlauf und die Spaziergänge mit meinen Hunden. Dort kann ich so gut meinen Gedanken nachhängen und meine Seele baumeln lassen, es ist so schön. Als mein Mann starb, bin ich jeden Abend dort lang gegangen und habe mit ihm geredet. Es war September, die Stimmung war schon herbstlich und Wolken waren am Himmel, eigentlich schön, doch mir ist diese Zeit sehr schwer gefallen. Abschied nehmen. Genau ein Jahr später bin ich wieder dort entlang gegangen, wieder war es herbstlich und wieder musste ich Abschied nehmen, nämlich von meiner Gesundheit. Ich hatte Krebs. Ich bin gerne da, immer noch und immer wieder, am liebsten im Herbst, wenn die Winde über die Felder wehen und das Gras hoch steht, oder auch im Winter, wenn alles Leben irgendwie zum Stillstand zu kommen scheint und natürlich im Sommer, kurz nach der Ernte, aber am allerliebsten in der Dämmerung, wenn der Tag sich verabschiedet und die Gedanken langsamer werden und leiser. Abschied ist auch jetzt wieder ein Thema in meinem Leben, im Leben meiner Familie. Mutter hat Alzheimer, sie ist, ich sage mal, im Endstadium, oder wie soll ich es nennen, ich weiß es nicht. Sie kann nichts mehr, und wenn ich nichts sage, dann meine ich NICHTS. Ich lese grad das Buch von und über Agneta Ingberg "Am Ende des Gedächtnisses" die mit Hilfe ihrer Freundin Birgitta über ihre Alzheimer-Erkrankung schreibt. Dort berichtet sie von einem Buch, welches sie gelesen hatte "Wie wir sterben" und dass dort stehe, dass es bei der Erkrankung Alzheimer kein Sterben in Würde gebe. So ist es. Mutter hatte auch Brustkrebs, wie gerne würde ich mit ihr nun darüber reden, über ihre Erfahrung, die Chemo, die Bestrahlung, wie es bei ihr war, wie es bei mir war, über unsere Ängste und Hoffnungen. Aber das geht nicht. Ich habe mich entschlossen, über die Erkrankung meiner Mutter zu schreiben, vor zwei Jahren habe ich einfach angefangen, ich wollte das für uns tun, damit wir nicht vergessen, wie Mutters Vergessen uns alle verändert hat. Dann berichtete Vater mir von einer Talkshow über

Demenz, die er im Fernsehen gesehen hatte und da wusste ich den Titel "Die Tage des weißen Elefanten". Es wird ein Buch werden und das Schreiben fällt mir leicht und schwer. Es tut mir gut und es schmerzt mich. Wenn ich über all das nachdenke, dann merke ich, dass ich alt werde. Die jugendliche Unbekümmertheit ist hinfort, und das liegt nicht nur an meinem Krebs. Es liegt am Leben überhaupt und vielleicht ist das ja auch der Sinn der Sache. Alt werden. Nicht mehr jung sein. In einer Zeit, in der Jugend zum Kult erhoben wird und Menschen furchtbare Operationen über sich ergehen lassen, um, wenn schon nicht mehr jung zu sein, so doch wenigstens jung auszusehen, wahrlich kein leichtes Unterfangen. Ich habe keine Angst alt zu werden, ich hatte zwei wundervolle Großmütter als Vorbilder. Ich beginne nur zu verstehen, warum viele Menschen alles tun würden, um die Spuren des Alterns unsichtbar zu machen (wobei das ja nix nützt), denn: alt werden ist nix für Feiglinge. Echt nicht!

Donnerstag, 2. Mai

Heute am frühen Morgen war ich wieder am Bach, bin aber diesmal zur anderen Seite gelaufen. Die Stimmung war wieder so schön, wie ich sie liebe. Mein kleiner Hund war wie immer dabei, es war vor der Arbeit, erst Psychoonkologin, dann Arbeit. Ich arbeite jetzt schon richtig, nur Stundenweise, aber richtig. So richtig richtig. Es klappt gut, muss ich sagen, auch wenn ich geplättet bin nach einem Arbeitstag, wenn dann noch weitere Termine anstehen, dann bin ich sogar oberplatt. Aber es klappt. Jetzt schlürfe ich einen Kaffee und dann lege ich mich zu meinem kleinen Hund auf die Couch. Mehr ist heute nicht drin, muss ja auch nicht. Ich habe heute einiges geregelt, auf der Arbeit und Privat, ich kann es wieder. Es geht. Und heute Abend bin ich wieder am Bach, darauf freue ich mich schon.

Montag, 13. Mai

Heute viele Gedanken gehabt, Damals, Heute, Zukunft, Lymphdrainage, Krebs im Leben, mein Leben, ziemlich bunt.

Dienstag, 14. Mai

Ich habe wieder viele Gedanken gehabt, Termin beim Frauenarzt, die vorliegenden Ergebnisse alle gut, so möge es bleiben. Und doch, meine Gedanken kreisten. Was im Leben ist alles unwiederbringlich vorbei? Nein, ich bin nicht in einem depressiven Loch, ich hab's nur grad mit der Realität, war arbeiten und kam deutlich an meine Grenzen. Werde mich jetzt in den Sessel in meiner Leseecke setzen und mir meine neuen Bücher anschauen und entscheiden, welches ich zuerst lese. Ich habe da etliches zur Auswahl. Morgen habe ich wieder Lymphdrainage, das ist allerdings toll. Tollst!!

Mittwoch, 22. Mai

Wieder mal in der Fotokiste gekramt, ein Foto vom Alex in Berlin, 2008 war das, da war ich mit Freunden dort. Da lebte mein Mann noch und von Krebs war keine Rede. Nur von einem geerbten jedoch verfallenen Häuschen in Birkenwerder. Da sind wir hin. Es muss ein wunderschönes Häuschen gewesen sein, früher, das konnte man der Ruine noch ansehen, mein Mann hatte dort seine Kindheit verbracht, in dem Haus seiner Großeltern. Dort war er glücklich gewesen. Und dann kam sein Tod und mein Krebs und alles wurde anders. Daran muss ich jetzt oft denken, wie es so gehen kann mit den Plänen, die man hat. Aber wie war das? Willst du Buddha zum lachen bringen, erzähle ihm von deinen Plänen. Habe ich unlängst bei Tiziano Terzani gelesen, der hat Jahrzehnte für den Spiegel gearbeitet, unter anderem, und hervorragende Bücher über seine Erlebnisse in der Welt geschrieben. Er hat einige Jahre in einer abgelegenen Hütte im Himalaya gelebt, ich finde diese Vorstellung vollkommen krass, morgens wach werden und nur den Wind hören, was schrieb er? Dort habe er endlich Zeit zum Zeithaben gefunden, außerdem bereite er sich Reis und Gemüse auf einem Gaskocher zu und achte dabei darauf, das benutzte Streichholz nicht wegzuwerfen, denn man lerne schnell, auch den kleinsten Dingen ihren Wert beizumessen. Ich denke an das pulsierende Leben in Berlin. Und an die Einsamkeit dort im Himalaya. Ich denke daran, was ich alles machen könnte, ich meine jetzt, innerlich. Ich dachte früher immer in so bestimmten Bahnen, nicht weil ich gezwungen worden bin, sondern weil ich keinen anderen Weg gesehen habe. Ich dachte echt, das ist so und fertig. So muss das sein. So ist es einfach. Und auf einmal ist alles anders und es gibt so viele Wege. Hört sich wirr an, aber das geht mir durch den Kopf. Nämlich dass das Leben anders ist, wie ich dachte, wie es ist. Hat jetzt weniger mit Krebs zu tun, sondern mehr damit, dass ich 54 bin und man sich da vielleicht so komische Gedanken macht. Weniger "was könnte ich noch alles tun" mehr "wieso habe ich das getan" oder so ähnlich oder auch nicht. Gedanken jedenfalls. Ich arbeite ja wieder, derzeit noch recht wenig, wo ich zunächst dachte, soooooo wenig? Da muss aber mal schnell mehr... und meine Grenzen so schnell zu spüren bekam, verdammt schnell. Doch im nächsten Monat will ich meine Stunden erhöhen, das geht schon. Ich taste mich langsam heran. An was eigentlich? Ans Leben. Pläne? Jau, muss ja Buddha noch einen Witz erzählen...

Sonntag, 9. Juni

Es hat sich so viel getan in der vergangenen Zeit und ich habe letztens zu meiner Psychoonkologin gesagt, ich will mein altes Leben nicht zurück haben. Nein, ich will es nicht mehr. Ich habe um vieles sehr getrauert, aber jetzt geht es mir gut, innerlich gut. Ich bin ein Stück weit bei mir angekommen, und ich will mein altes Leben nicht mehr haben. Nein, ich will es wirklich nicht mehr.

Epilog

Der Krebs hat mich verändert. Aber verändert Krankheit nicht immer? Mein Leben ist ein anderes geworden, Krebs wird nun immer dazu gehören, auch wenn ich zuversichtlich hoffe, dass ich die akute Erkrankung überstanden habe. Aber egal was ist, Krebs wird immer ein Thema bleiben. Meine Schwester schrieb mir letztens: „Die schon einmal krank waren, haben Angst, der Krebs kommt wieder, die mit Familiengeschichte haben Angst, sie bekommen ihn auch, und die noch nie krank waren und ohne Familiengeschichte sind, haben genauso Angst, denn es kann jeden erwischen, so ist es und es kommt eigentlich darauf an, wie man mit dieser Angst umgeht."

Ich lebe mein Leben. Mein neues Leben. Und ich lebe es wirklich gerne. Daran hat auch der Krebs nichts geändert. Oder war er es, der mir zeigte, wie lebenswert jede Minute ist? Ich weiß es nicht, ich hätte gerne auf diese Erfahrung verzichtet, aber da ich sie nun einmal machen musste, will ich sie auch nutzen. Ich hatte keine andere Chance, ich musste diesen Weg gehen. Ich bin ihn gegangen. So gut ich es konnte. Und nun lebe ich mein Leben.

Jeden Tag neu.

Printed by Books on Demand GmbH, Norderstedt / Germany